U0945884

一席与大家共勉的人生知心话

一部人生必临之事的哲学宝典

人世春秋

RENSHI CHUN QIU

□ 周雨声 著

中国商业出版社

图书在版编目(CIP)数据

人世春秋/周风生著. -北京:中国商业出版社,2012.1

ISBN 978-7-5044-7571-8

Ⅰ.①人… Ⅱ.①周… Ⅲ.①人生哲学-通俗读物 Ⅳ.①B821-49

中国版本图书馆CIP数据核字(2012)第001017号

责任编辑:王 彦

中国商业出版社出版发行

010-63033100 www.c-cbook.com

(100053 北京广安门内报国寺1号)

新华书店总店北京发行所经销

小森印刷(北京)有限公司

* * * * *

787毫米×1092毫米 1/16开 15印张 120千字

2012年1月第1版 2012年1月第1次印刷

定价:38.00元

* * * *

(如有印装质量问题可更换)

序

我是今天下午才看到周雨声写的《人世春秋》这本书的手稿的。他来见我时夹着厚厚的一摞纸张的东西，我问他，你拿那么多材料干啥？他拘谨地对我说，是他刚刚完稿的一本书，准备出版发行。我觉得很是诧异，我们认识十多年了，从未听说他有这一不寻常的想法。不过，有一点我是了解他的：他酷爱读书，为人谈吐文雅、干练、沉稳。

我仔细地阅读了该书的内容，使我非常的激动和叹服。激动的是该书的内容能着眼于现实，能贴近千家万户的生活，能益于人的心、规于人的行、溢于人的情、倡于人的理；叹服的是作者能以犀利的眼光洞察生活、以深邃的思想体味人生、以独辟蹊径的哲学观点说事理、以明快流畅的语言抒情感、以朴实厚重的态度做交谈。

在我看来，这本书像是一部人生的哲理书，也像是一部家庭生活的工具书，又像是一堂堂的讲义，更像是一篇篇的赞美词；确切地说是一席人生的劝进表。总之，该书是一本实在的书，一本让读者受益匪浅的书，诚然，不失为一本好书。

周玉宝

2011年12月3日于北京

（工作单位：新华通讯社）

写在前面的话

一、诚心话

有一次，我从省城郑州到南阳出差，等到达南阳时，夜幕已经降临，于是住了下来。次日一大早，南阳的天气特别的不好，外面呼呼地刮着强风，一会儿的功夫，电闪雷鸣，尘土漫天飞扬，天昏地暗，大有一场暴雨即将到来之势。我本打算上午办了事，下午赶回郑州，瞧这天气，我乱了分寸。这样也好，我于是唤宾馆服务员给我送了自己喜欢抽的香烟，喜欢吃的东西以及饮料之类，一一安排妥当。此时，我的心情又似乎宽敞了许多，便顺手关掉了整日叮叮呱呱不愿接听而又必须接听的移动电话。决计安然然、美滋滋地写我一吐为快的那些东西。对我来说，今天也算是天赐良机，给了我这样尚好的环境。

不知过了多大的功夫，突然有人敲门，我自知不妙：准是我关掉了电话，人家上门找来了。有什么法子呢？我只好挤出一种笑颜，迎接朋友。我让他进来坐下后，匆忙地收拾我写的那些东西，防备他看到，来讽刺我，笑我的迂。结果还真是不出我的所料，他劈口便说："要干正事，写那些乱七八糟的东西干什么？自找罪受。"我点头应和着……

他虽然是我的一位不错的朋友，但我觉得：我写那些他认为所谓没用的东西，我是不会告诉他我要写的真正理由的。假如我实实地找出千万个充足的理由，他绝不会理解支持我的，所以我告诉他有什么意义呢？还是让他永远迷惘吧、永远去猜度吧。

我为什么这样痴迷地写那些别人认为没用的东西呢？

此时，我写着《人世春秋》这本书的前言，借这个机会，我今天要实心地和大家说些我想说的，曾经绝对没有对别人说过半句的话。虽然我不明白别的作者写书、出书的意图，但我知道我写书、出书的真正目的所在。大家首先要明白写作者从事的是一个什么性质的工作？在我看来，所有的作者都是一个清洁的工人。清洁什么呢？清洁我们心理上的垃圾。假如，人们心理上的垃圾，没有人来清理搬运，那将是一个多么糟糕的世界，而我就是为了人类生活的更加美好，甘愿做一个不知名的清洁工，所以要写一些书，出一些书。

人们心理上的垃圾，随着年龄的增长、智慧的增加、生活的丰富逐渐增加而又慢慢地减少。我们知道，一个未成年的孩子和一个接近百岁的老人，他们心理上的垃圾数量相对是极少的。一个未成年的孩子懂的事少，制造的垃圾也少；一个接近百岁的老人懂的事多，不愿懂的事也多，无法懂事的日子也统统给了他（她）。孩子懂的事少，是因为孩子还没有完全发育成熟；老人懂的事多是因为他（她）清除了大半生心理上的垃圾；老人不愿懂的事多是因为老人往后的生活剩不了多少了，不需要懂太多的事；老人无法懂事是因为老人身体机能极度衰弱而力不从心。

由此看来，成年人或精力充沛而身体健壮的人才是书作者们所要清理心理垃圾的最佳对象，因为他们大量的制造着心理垃圾，那么书作者，这个人类特殊的难度较高的责任重大的清洁工就只好服务于他们了。

有人还会这样说，书作者写书、出书完全是为了名利；作者们巧言利舌，胡乱写点狂言妄语，糊弄百姓，以致达到自己追求名利的目的。我也毫不隐讳地对大家说，书作者这个清洁工追求名利是存在的。名，哪里来？大众说的；利，哪里来？大众给的。凡有名利的书作者一定是一位合格的清洁工，凡没有名利的书作者一定是一位不称职的清洁工。他（她）无能力将人们心理上的垃圾清除并搬走，所以百姓是不会给他（她）报酬的，那么他（她）的名在哪里？他（她）的利在哪里？他（她）写书、出书挣钱的初衷便会烟消云散……其实，书作者写书、出书的最大享受是把自己心中想说的话，统统地说给他（她）的知音。纵观历史舞台，有许多文学大家以毕生的精力表演着可歌可泣、催人泪下的故事。像唐代的诗仙李白、诗圣杜甫，像明代大写《三国演义》的罗贯中、《水浒传》的施耐庵，特别是中国历史上小说之圣的清代曹雪芹，还有清代的蒲松龄，近代史上的“鲁郭茅，巴老曹”，等等大家，他们凄凉的人生命运是值得我们永远同情的，他们的灵魂是值得我们敬仰的，他们的绝代才华是值得我们崇拜的。封建社会的文人们最大的悲剧是在当时的社会背景下，他们的作品无法问世来实现自己心中的理想和报负而含恨终身；他们的作品无法问世，是因为他们的作品没有坚持了“时代的党性原则”；但他们坚持了一个信念——希望更新一个进步的较为文明的社会，来迎合天下人的心声，而这也是每个作家亘古不变的精神魂魄。我自觉：今天我未能达到一个普通作家的精神境界，但我希望明天争取步入具有灵魂作家的行列。我自知：生育而养育了我的家乡的那块热土上，百年来还没有出现一个大胆的畅所欲言的自由洒脱的与大家说许多话的勇者，我愿试着做一回，为父老乡亲争一口气，为我故去多年的父母做一些成绩出来，报答他们，做一个无愧于乡亲、无愧于父母、无愧于祖国的好儿子。

二、知心话

我写《人世春秋》这本书，两年前开始创作，至今才得以完成。字写得不多，用的时间可不少。按理说，半年的时间完成，应是绰绰有余，可我用了这么长时间，实在是太无能了，对时间也太奢侈了，我自觉惭愧。但由于我时时日日为了生计而奔波着，只好挤出一点时间，或早晨或傍晚或深夜寥寥数语作罢。开始创作时，我只构思了目录内容，也没有命书的名。一个月前书稿即将完成，我总想不出一个妥当的书名来配内容的主题，我翻来复去，拟了几个书名，最终我还是傲气地、班门弄斧地、胆战心惊地敲定了这个书名。怕只怕产品加工的不好，不配这个俊俏的包装；也恐大家读了这本书在我的背后或面前批评指责我的自不量力。这本书的内容表面看是说事的，实质我是在讲人的。我认为，生活的现实里，事，离不开人，人，·难脱离事。人和事都到齐了，关键是人和事能不能春秋的问题，我打心里说，着实令我汗颜。这本书的中心思想是做人做事的基本道理。我也没有写出深刻的高度的复杂的生活事理，只是将我的一些自身经历和周围一些人和事的故事，教条地浮浅地加以总结与大家聊聊家常，说说心里话而已。我所说的话，对与错、妥与否、深与浅、多与少、是与非、长与短、满与缺，大家敬请见谅！与我能深情共勉，便是我最大的心愿。希望我说的话对大家有所帮助，至少能给予大家一丁点的启发，也不枉对大家的一片苦心。我也明白，我在本书中要求我们做到的事情，也许在现实的设身处地的生活里，做到尽善尽美，是相当困难的。世间好多事情说了不一定就能做到；明白了，不一定就能够去履行，但至少懂得了是绝没有坏处的。生活里，有一些人，也没有人说给他（她）听，也不太懂得许多的大道理，但能默默地做到了并且做得很漂亮、很得体。我讲了一大堆看似所谓的知心话，对他（她）们来说，知心与否，确是无所谓的，因为人家本来就是不说话而甚过讲话的圣手。所以我说的话对他（她）们来说，也谈不上什么“知心”，就算作相互沟通吧。

三、无话可说

在我们生活的世界里，每每遇到一些人，每每遇到一些事，感动得让你无话可说，悲伤得让你也无话可说。感动时，你或者热泪盈眶，你或者暗自庆幸，你或者悄悄地去做一切你能做到的感动别人的事，你或者得到好处而逃之夭夭，你便无话可说。悲伤时，你或者泪流满面，你或者哽咽着悔恨当初，你或者径直走向夺命的悬崖，你或者操起拳头击向对方，你或者悔恨那时自己一切的不好而去抚慰人家的创伤，你或者面对亲人的离去而痛苦的挣扎，你或者痛下决心而谋划着未来的明天，此时此刻，你真真的无话可说。

假如我是你，假如你是我，该说的话一定要说出来，能说的话一定不要沉默，不该说的话一定要守住你做人的尊严，不值得再开口的话，永远留着，永远留在心里，大喜大悲才是真正的无言以对。

目　录

第一章　社会篇

第二章　家事篇

第三章　家庭婚姻情事篇

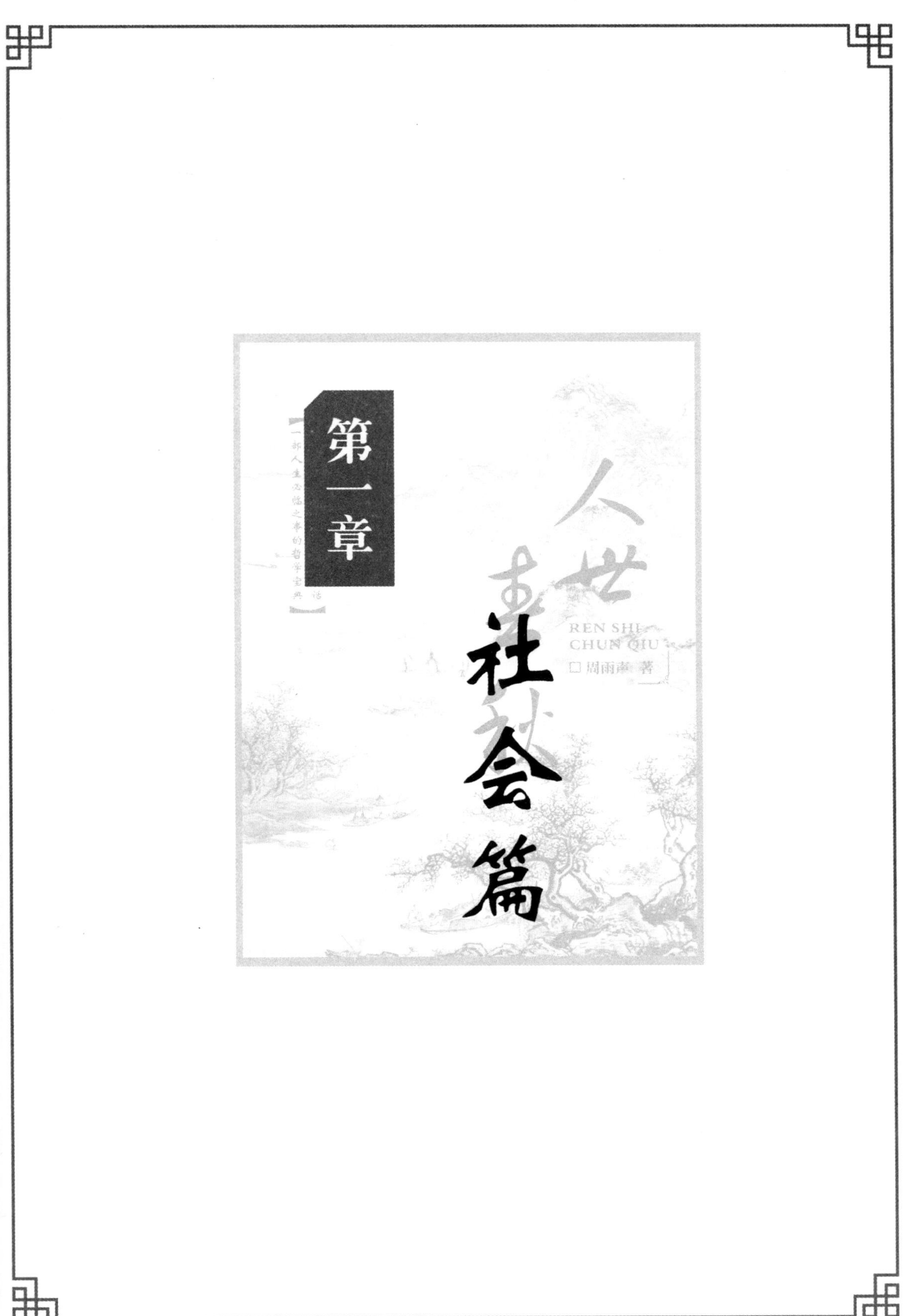
第一章
社会篇
一部人生必临之事的哲学宝典
人世春秋
REN SHI CHUN QIU
周雨声 著

——社会是自然的，自然是社会的。社会是人类活动的舞台，人是自然社会的主人。

自然社会

人类圣贤之人经过艰苦的研究和探索，对世界的认知和社会的发展规律，作出了不同解释的学说观点，他们或以科学的姿态或以丰富的想象，巧妙地阐述了世界万物生长灭亡的自然规律法则，为人类社会发展的奥秘给予了启示，为人类社会的各种生活依据提供了科学的密码。地球上每一个拥有智慧的灵物无不对高不可测的大自然感到无比的神奇和崇拜。神奇的是大自然之美的无可挑剔，崇拜的是大自然无偿地献给万物生灵丰富的生活资源。

我们知道：天空以太阳、地球、月亮三位一体为主体；地球上动物以人类为主体；地球上资物以山川宝藏为主体；地球上动物的食物以粮食作物、肉食、树木花草为主体。整个世界以主体和万物客体组成了一个自然的神奇的社会大家庭。

自然社会是怎样形成的呢?

一说《圣经》记载：神六日作工创造了世界万物。

二说达尔文进化论述：世界是在自然条件下经过漫长的演变进化的结果，人是由猿猴进化而来的。人手的形成、语言的产生、智慧的诞生均是类人猿长期劳动的结果。

三说神话传闻：女娲补天造人成就了世界。

四说古代神话传奇：盘古用神斧开天辟地创造了世界。

大千世界，众说纷纭，各执其道。我们不妨这样认为：无论哪一种学说观点，皆出自圣人之言，只是阐述的表达方式，站立角度不同而已。各种说法总而言之是以自然形成这条主线而万变不离其综。简言之，世界是自然形成，人类社会就是一个自然运行发展的社会。天有天道，人有人道，万物有万物之道。天道天知，人道人知，万物之道，万物固知。只有恪守其道才是遵守自然规律，若要违背自然规律必是煞费苦心。

自然社会就是一部星球与星球的斗争史，国家与国家、集团与集团、政党与政党、部落与部落的斗争史，人与自然的斗争史，人与人的斗争史，动物与自然的斗争史；动物与动物的斗争史。在各类各种斗争中，凡成功者符合了必然的自然规律，凡失败者违背了必然的自然规律。自然社会就是这样的残酷无情，自然社会就是那样的合理公平。凡符合自然规律的战争，即使今天失败了，不等于永远失败，终有一天会取得彻底的胜利；凡违背自然规律的战争，即使今天取得了一些成功，但不等于永远胜利，不远的将来一定会彻底的失败，而也就是“顺者昌，逆者亡”的道理。譬如，一个动物赋予你自然规律的生存习性是食草的，你偏要食肉，那你必然会逆天而亡。

自然赋予高级动物、低级动物的生存本性是弱肉强食，所以各类动物为了争夺领地获得更加宽广的生存环境而发生战争，而战争的结果是强者赶走弱者，甚至是强者消灭弱者，从而获得理想的地盘。自然规律就是这样，没有一个合适的场所能主持所谓的自认为的“公道”。

人是人类社会的主载，国家是人类社会的单位，所以我们进行探讨和研究人与自然、国家与自然是非常必要的。

一、人与自然

人作为大自然中最高智慧的灵物，吸天地之气，经白昼之行，依阴阳之运化，传承父母之血肉，披万象之神采，吐妙语之华章，劳万事之艰辛……

人为自然中一分子，头顶天空，脚踏大地，可谓顶天立地，人，没有自然的大能无从降生，人，离开自然难以存活，人，违背自然之赐道无以言路。自然之赐道是自然赐予人的本能以及人生的言论行为准则的严格要求，即自然人的自然规律。自然人的自然规律的核心是德才兼备。才，指人的智慧和才干；德，指人的言谈品行。在漫长的人生旅途中，才好比是开路的锐器，德好比是走路代步的工具。德才的作用无比巨大，人的才华是拥有自身巨大能量的根本保证，人的品德是提升自身充分发挥才干的力量源泉。只有德才兼备的人，才是遵循自然规律的人，“德才二者，缺一不可”，否则便是违背自然规律的人。

人生活在自然环境之中，我们必须遵循自然规律，遵循自然规律便是把握客观规律。“才”是自然的人理，“德”是自然的天理。人，轻视才而无为；人，轻视德而天理难容。人的德行不是某个人偏见的制定了一种规矩，而是自然诏书的天道之理。

二、国家与自然

一天深夜，我漫步在乡间小道，仰天观望无数闪闪的繁星，不时微风吹来，道路两旁的树叶哗哗作响，低头沉吟勾起了我无限的遐思……就我们中国来说，追溯到几百万年前，行走在旷野的原始人群，从那时起，地球上出现了人的踪迹。人类从低级到高级，从野蛮到文明，从落后到进步都是人与自然挑战的漫长的历史过程，也是一部悲壮的血泪史。原始社会，人类为了生存，首先解决吃与猛兽搏斗，氏族与氏族之间因争抢食物而血战，可见是以命换命，死去的换来了活着的，从而延续了人类的生生不息。原始人遭受自然灾害的侵袭，不得不寻找山洞御寒，在劳动中创造了钻木取火；火的出现加速了原始社会向奴隶社会的发展进程。在原始社会末期，贫富有了悬殊，加速了私有制的形成，出现了奴隶社会的萌芽；在东方中国，夏禹建立了第一个奴隶制国家——夏朝。奴隶社会一直延续到春秋战国结束，历经三千多年，这期间，一个政治集团与另一个政治集团为了争夺地盘和财产来满足欲望，进行了无数次大规模的掠夺战争。奴隶社会最后一次战争结束了野蛮和愚昧走向新的文明时代。

秦始皇嬴政建立了中国第一个统一的多民族的封建帝国。封建社会历经两千多年，这期间，残酷的战争从未间断。封建社会最后一次战争由孙中山先生领导的辛亥民主革命历经磨难推翻了落后腐朽的封建帝国建立了中华民国。民国实行共和体制，提倡天下为公，东方古国开始进入了民主的时代。但是清朝遗臣袁世凯占据北方，拥兵自重，虎视南京革命政府，而孙中山先生面对国民政府的财政危机，迫切实现南北统一，免遭生灵涂炭，以民族大义，实现共和，将总统的位置让给了袁世凯。可是袁世凯背信弃义，撕毁了共和的民主宪法，欺骗了孙中山先生，进而倒行逆施，复辟帝制，激起了全国人民的愤怒。孙中山先生拍案而起，举起了护国的大旗。云南督军蔡锷将军首先响应孙中山先生的号召，发动了声势浩大的护国战争，袁世凯在绝望中死去。

民国十四年，孙中山先生因病去世，各地军阀为了争夺地盘，扩充自己的势力范围，置人民水火于不顾，掀起了军阀混战的狂潮，而战争给人民带来了无穷的灾难。面对山河破碎，民不聊生的局面，民国国民党以蒋介石为代表、共产党以周恩来为代表，高举义旗，发动了北伐战争，打倒了三大军阀，结束了军阀混战的局面。殊不知，民国政治腐败，以“将、宋、孔、陈”四大家族的黑暗统治，到处搜刮民财，侵吞国宝，致使国民生活在水深火热之中。1937 年 7 月 7 日，日本发动全面侵华战争，国民政府消极抗日，大片国土相继沦丧。当日军逼近民国都城南京之时，国民党闻风丧胆，携兵带将弃城而逃，致使日军顺利占领南京。南京顿时变成了人间地狱，日军大肆烧杀抢劫，奸淫掳掠，三十万南京儿女丧生于日寇之手，可谓悲壮惨烈，全国人民为之痛哭。共产党杰出领袖毛泽东、周恩来、朱德等领导人高瞻远瞩决心誓死抵抗日寇。毛泽东在延安窑洞八天八夜一气呵成《论持久战》一文，通电全国，唤醒了四万万同胞，从此拉开了中国人民全面抗战的序幕。中国军民经过八年的浴血奋战，1945 年 9 月 3 日，日本天皇下诏宣布无条件投降。此时期，日本侵华战争只是二次大战的分战场，在世界范围内，德国对欧洲宣战，日本对亚洲宣战，意大利配合德国侵略诸国。二次大战中的法西斯头目，日本的东条英机，德国的希特勒、意大利的墨索里尼，他们进行侵略扩张挑起了世界大战，残杀人民，破坏了自然，最终被世界人民推上了历史的审判台。

世界人民已吹响了和平的号角，但是此时的东方中国还未停止战争，从 1945 年到 1949 年国共两党进行了三年殊死的大决战，以共产党的胜利宣告了内战的结束。1949 年 10 月 1 日，毛泽东主席在首都北京天安门城楼上向全世界庄严地宣告了中华人民共和国的成立。从此，中国进入了一个前所未有的繁荣时代。

纵观天下大事，国家与自然，就是一部顺应民意潮流的发展史，是一部不断斗争的正义的革命史，是一部追求物质文明和精神文明的血泪史。自然赐予国家的使命是“正义”，一切“非正义”的争战和一切“非正义”的所为就是违背自然的丑剧。世界上一切的国家均属自然所有，一个国家正义的人民一定会拿起自然赐予国家“正义”的武器，打垮那些一切“非正义”的妖魔鬼怪。而这就是国家与自然的关系，这就是国家与自然的永恒的真理。

我们知道天、地、人三才，三位一体，万民即为自然之人，违背民意即违背自然规律，是逆天而行之；倒行逆施，欺世盗名必致灭亡。上古圣贤名士便知此道，但是真正能做到却非易事，这就需要我们首先战胜自我，尊重客观自然规律，共建自然社会的太平盛世。

古往今来，和平与发展是人类社会的两大主题。我们要共同携手营造美好自由幸福的自然社会。

——家事事小，国事事大。国事经营着千家万户的大事，可谓国事之重也。

谈国事

何为国事？我们知道，国家就是小家之大家，在一定地域由无数小家汇聚成一个大家。那么，国家的事是什么呢？国事就是治理和管理保护无数小家之事。

国乃室中之玉，世间稀珍居其中，何言不贵。万民以国为纲，赖国之统领，盖天下之势。国誉民之美玉，民誉国为雕琢之师。民为地，国为天；天为阳，地为阴；天地运化，阴阳生克；平衡国之永存，不平国之将亡；国破则家亡。

国家有三大法宝，威震国事，即军队、法庭、监狱。国家机器，有了此三宝，民赖之安，国赖之治。

国事须兴四体：一政治、二经济、三文化、四科学技术。此四体来自于民，用之于民。四体强则国强，四体弱则国弱，体强而民富，民富而四体兴。

国家的建立由一个阶级的政党而确立国度，这个国度掌握着国家机器和四体。这个国度的阶级称为统治阶级，而统治阶级也喻为上层建筑，统治阶级的基础就是由小家汇成的万民。若上层建筑摇摇欲坠，那说明它的基础受到了震动，统治大厦将倾。

历代聪明的统治者，为了使国家的统治得到巩固，首先会制定利民之政体，倡导益民之德，使民安居乐业，开创太平盛世。也有一些不明智的统治者，欺世盗名，口号为民，实质腐体乱法，鱼肉百姓，独享天下之盛宴，久而久之，病入骨髓，哪有不亡之理？

纵观世界大势，统治阶级的文明程度和地域条件的不同，发达程度也相应有别，主要是由于政体不当所致。这种差异不是现在造成的，而是过去造成的，但若现在还不觉醒，那现在将会成为过去的落后，因为世界大势在日新月异地向前发展。就拿我们中国来说，中国是东方的一个文明古国，回顾历史，中国经历的原始社会、奴隶社会屹立在世界前列，毋庸置疑，但是封建社会经历的太久太长，历代统治阶级坐井观天，固守祖制，一直沿用腐朽的政治制度，教条的文化教育，严酷的刑律，卑劣的官风，一时多少中华志士仁人伟大的智慧白白埋葬在这片热土之下，这是多么可悲、可叹的事实。唐代大诗人杜牧《泊秦淮》这首诗对统治阶级揭露的是多么的透彻——诗云：“烟笼寒水月笼沙，夜泊秦淮近酒家。商女不知亡国恨，隔江犹唱后庭花。”清朝末年康有为、梁启超、谭嗣同上书变法维新，却遭到封建保守派势力的竭力反对，后来遭到洋人血洗京都，统治阶级却弃民而逃。早在咸丰年间，因国衰民弱，英、俄、日、法、德、美、意、澳八国联军漂洋过海，趁虚而入，大肆抢劫杀戮，运走了大量国宝，最后将世界最豪华最伟大的公园“圆明园”一把火烧得荡然无存，这是中华民族永远的耻辱。我们知道，新中国成立后，两弹一星的发射成功，震惊了世界，国威大振，从此中国人民扬眉吐气自豪地抬起了头。

1982 年中国又一个伟人邓小平，采取大治方针，提倡科学技术就是生产力，实行改革开放，中国大地上一时万丈高楼平地起，农民衣食富足喜洋洋。如今在胡锦涛主席、温家宝总理的英明领导下，2003 年“神舟”五号、2005 年“神舟”六号载人航天飞船的成功发射，2011 年第一艘航空母舰的成功下水，2011 年“神舟”八号飞船的成功对接，更是让世界刮目相看，标志着中华民族的崛起。如果国家政治不能觉醒，政治将是人民前进的绊脚石，国家不但保护不了人民，还会给人民带来无穷的灾难。

国人皆知国事的重要，解道不如知道，知道不若行道，知解则易，行之却难；易者研，难者专，焉有国事不成之理。古人云：“天地君亲师，齐家治国平天下。”国家兴亡匹夫有责，乃君子之道，我们一定要“鉴于往事，资于治道”。国政率先，倡民随之，利民之道，戴德之冠。仰民族之魂，尽天下之才，顾国土之角落，倾国人之精神，造伟大国家，便是国事之道。

——天地人三才，三才者，浩宇之灵。日月普照大地而万物生，万物生而人自生；人无知，焉知天地乎！

天商地商人商

我们了解和研究天商、地商、人商之间的关系以及其高深的哲学思想，这对我们个人的成长、家庭的发展、社会的贡献具有不可估量的意义。

天、地、人三商称为宇、宙三杰之商，天有天商，地有地商，人有人商。天有三商：一为日月星辰，二为风雨雷电，三为云雪气流，此三商概括为天所拥有的巨大能量；地有三商：一为阴阳五行（木火土金水），二为万物生灵，三为山川万象，此三商概括为地所拥有的丰富的物质源流；人有三商：一为智商，二为胆商，三为情商，此三商概括为人所拥有的内在的总和素质。由此可见，天商和地商为人类社会的繁衍、生存和发展创造了必备的条件，而人商又为人类社会的生存和发展创造神话般的奇迹。

今天就拿个人来说，无论你是从事政治，经济，还是军事、科学文化等，都离不开天商、地商、人商重大作用的发挥。我们不妨把天商喻为天时，把地商喻为地利，把人商喻为人和作一评析。

古人云："天时不如地利，地利不如人和。"此道理寓意深刻，但是他讲的是天时、地利、人和三者之间的比较，强调了“人和”的重要性。其实在现实生活中，每个成功人士，都是在“天时、地利、人和”的作用下取得成功的，只是取得成功的快慢程度不同。当然一旦一个人具备了天时、地利、人和的条件，即使他的人和稍差些也会取得成功。对于那些天时、地利、人和都未具备的人来说，取得成功是难度较大的。天时、地利具备，人和未具，这种人也不会取得成功，因为他的人和（人商）不能够利用天时、地利的能量。我们特别需要关注的是另外两种人：一种是有人和而天时、地利只占其中一个，这类人取得成功的因素是他们用自己有限的人商创造了天时或地利，这类人属于人中的佼佼者，实属可佩；另一种人是人和具备，天时和地利均未占，这类人取得成功的因素是他用自己充分的人和创造了天时和地利，这类人是人中豪杰，世间奇才，可谓德才兼备，可敬可佩!

前面我们讲到，人有三商：一为智商，二为胆商，三为情商。人和需要智商、胆商、情商三因素齐备，否则很难达到人和，或者做到一些，但不足以达到取得成功的境界。“智商、胆商、情商”的具备，只有两个途径：一是天地父母赐予的一部分，二是后天学习的一重要部分。古人说得好“人之初，性本善，性相近，习相远。”他着重讲了后天的重要性。简言之，两个途径可概括为“先天性和后天性”。

一、智商

智商是指人能准确地衡量事物，明辨事物，科学地获悉事物的高级武器。孙子兵法云：知己知彼，百战不殆。我们可以理解为明白自己的实力，己彼交战，每战必胜；若只知己不知彼，己彼交战，每战只有五成胜利的把握；若既不知己，也不知彼，己彼交战，百战百败，这就充分反映出智商在社会现实生活中决定着成败，发挥着极其重要的作用。古往今来，有多少在商海中奋力拼搏的仁人志士无一不是智慧极高者，他（她）们用自己的智慧和辛勤的汗水谱写了人生悲壮而光辉的篇章。

二、胆商

胆商是指人对事物进行细致的衡量、明辨、判断后作出的心理反应——积极或消极的表现形式。往往胆商较高的人能坚守信念，及时付诸行动，敢冒天下之大不韪，勇于投入，敢于承担风险，大有英雄虎胆之势，可谓时代的“弄潮儿”。当然，高胆商必须有高智商的密切配合才能功成名就，否则会产生一意孤行，胆大妄为之嫌。有勇无谋而酿成千古恨的不乏其人，如西楚霸王项羽，在与刘邦争天下的较量中，他的智商低于胆商，逞勇而无谋，最终在垓下一战而败，酿成“乌江自刎，洒泪别姬”的悲剧。诸如此类的还有三国时的吕布，等等。

三、情商

情商是指人对事物进行细致的衡量、明辨、判断后作出的处世哲学行为。情商是指人商“三商”之中最重要的一项。对每个从事不同行业的人来说，情商的魅力远远超过了智商和胆商，它是一个人成功的最基本的条件。情商的内容主要包括：信义、博爱、宽容、大度、诚实善良、感恩、报恩、谦虚、谨慎、不骄不躁、贪而有度、柔而有刚、气而不馁等。历史是一面很好的镜子，历史上凡成就大事业者，无一不具备情商。情商是中国传统文化乃至世界文化的精髓，他涵盖了一切文化最本质的科学体系。如果一个科学家没有爱国的思想和他个人的哲学思想做导向和动力，他是不会创造出奇迹的。若一个人没有情商，会招致孤家寡人的危险，若一个人有较高的情商，他做任何事情都会做得比较完美，令人信服。情商涉及和渗透了人类社会的各个领域，积累和塑造了人类最高智慧和最高尚的文明。

——人间有路情为径，事海无涯苦作舟！

——每个人都有自己的信仰。有了信仰，人生便有了目标；没有信仰，人生便失去了方向。信仰是一个人心中所描绘的梦想。如果这种梦想能以正确的思维方式、积极向上的态度去实现，才是人生真正的正义的信仰；一切消极的非正义的信仰终究会跌入万丈深渊。不同的信仰，演绎不同的人生。

信　仰

所谓信仰。信，就是实实在在的虔诚的信奉；仰，就是发自内心的崇拜和敬仰；即一个人对自己人生观的看法而追求的一种理想。信仰是一种精神的追求，是人的一种较高层次的需求。

圣人以超凡脱俗之道为信仰，宗教者以劝世良言之神话为信仰，政治家以治国安民之民族大义为信仰，经济学家以富国强民之真情为信仰，科学家以兴国图强之任为信仰，军事家以振国治乱之责为信仰，学者以大理明心之志为信仰，法家以维护公道之理念为信仰，军人以保家卫国之精神为信仰，良师以传授理道之职为信仰，农民以稼穑之丰为信仰，工人以妙手绝艺之务为信仰，凡人皆以手中之工尽家国之事为信仰。信仰乃天下之大义也，无处不存，无时不在；信仰的义举遍布于人类生活的每个角落。

现实生活中，信仰的匮乏、底线的沦丧、功利至上、浮躁泛滥等一系列的弊端，直接影响着社会生活的进步与文明，值得我们深深的反思……

一、信仰要有价值取向

在经济快速发展、物质迅速积累中，金钱至上的理念，成为人们苦苦追求的信仰。试问：金钱从哪里来？又往哪里去？我想：一个创造巨大财富的企业家，他创业开始的原动力绝不是为了一味的追求金钱；他一定是为了一种崇高的事业，为了人生的价值。只有追求事业的理想，才能以事业而获得回报，以回报所得而用于事业之中。若我们心中有了真正的理想信仰，把一件事做成，你也觉得一定能够成就事业，并且如果做成了对很多人是有益的，对社会是有益的，如果你有这个想法，成功的希望就在你脚下。大凡一个成功的人他一定具备：相当的能力，充满的热情，正确的思维方式。如果我们对信仰没有正确的认识，那你的信仰一定是徒劳的，你的人生必将是失败的。我们能端正信仰的态度，摆正信仰的位置，便是你人生之路走向光明的必经之道。

二、不要搞极端的信仰

我们生活的周围，例如有一些信仰宗教的人，好端端的教义，偏要搞一些异端邪说出来，说什么人患了病不需要去医院找医生治疗，只要虔诚的祷告，便能完全康复。虽然心理上的病症，祷告可以奏效，但是，大多病症真的能祷告好吗？有的人便听了他们的话，患了病不去医院诊治，虔诚的祷告求得安康，最后费了好大劲没有祷告好，他们便找了一个看似恰当不过的理由：“祷告不够虔诚”一句话打发了事。我也读过有关经书，经书里并没有说患了病不去医院诊治，只是说虔诚的祷告求得平安。还有更可笑的说法：患病的原因是神的惩罚，如此荒唐的论断，其目的不过是故弄玄虚罢了。还有更奇怪的说法：信奉某某教可以求得灵魂和肉体的永生，说什么，信好了，人永远不会死。如此说法，其目的是希望更多的人跟从他们。这些异端邪说，有科学的合理的依据吗？如果众多的信仰，如此画蛇添足，能使人心悦诚服吗？所以我们一定要对自己所信仰的弘扬的意旨做出正确的理解，才能无往而又不胜，才能将自己的信仰达到有益于自己、有益于他人、有益于社会。“不同信仰的人相互为敌”是有道理的，正所谓“志不同，道不合，不与为谋”的道理。

三、人要有现实的信仰

我们要树立真实而喜乐的生活信仰。信仰是根据时代的需要，个人的需要，个人所处的环境，个人的意志所选择的。譬如，一个职业讨饭的乞丐，他眼下的信仰就是希望一日讨的饭够一日饱餐；一个山村里的农民，他崇高的信仰就是一年四季种好自己的地，希望全家老小的衣食一年里能够获得饱暖而有余；一个牧羊人，他心中的信仰是日日能够找到尚好的草地让羊群饱餐，希望每只羊膘肥体壮将来卖一个好价钱，过自己幸福的生活；一个出租车司机他重视的信仰是天天出去能拉上许多顾客，挣更多的钱，来养家糊口；一个县级一把手干部，他关注的信仰就是把党的政策彻底的贯彻下去，希望全县人民过上幸福安康的生活；一个历史学家，他的信仰就是把国家古文化的文明让全社会的人了解明白并传承下来，发扬光大。诸如其类的信仰，均是客观现实的信仰；如果你的信仰没有益处或是幻想的益处，归根结底，你是一个不现实而浮躁的人。

四、要把爱作为一种信仰

爱是一种光荣而高尚的信仰。爱祖国、爱人民、爱家庭、爱丈夫、爱妻子、爱子女、爱父母、爱兄弟姐妹、爱一切的亲人、爱朋友、爱他人、爱事业、爱一切的文化艺术；即爱自己所爱的丰富多彩的信仰。我们如果没有这种博爱的精神，我们的生活便失去了光泽，失去了做人的尊严。一切的爱都是一种美妙的光辉灿烂的信仰。我们生活得精彩，就是由于爱一个人或爱一件事或爱一种文化。只要心中有爱的情结，你便是一个有信仰的有意义的有价值的充满无穷快乐的人，这就是我们崇高而伟大的信仰。

五、做一个有文化信仰的人

鲍鹏山先生说的好："有文化不一定是文化人，文化人是有文化信仰的人。"不错，在现实生活中，有一些人有文化，但做了没有文化的事，意味着他一定不是文化人；文化人一定持守了一种或几种文化信仰。我们在生活中，不仅要重视现实生活的信仰，同时要注重优秀文化的信仰。优秀文化的信仰，必然会增加个人的智慧、必然会陶冶个人情操，更重要的是将会提高个人的整体素质和品味。个人的整体形象提升了，你的生活才能变得山花烂漫，才能够情郁中发之于外。优秀文化的传承，虽然在日常生活中不能够明显的发挥益处，但这种优秀文化的营养常常哺育着我们的灵魂。在我们生活的周围，时常会遇到：一些人说着有趣的话，做着高品味的事；这就是文化信仰的充分体现。由于这些人做了有文化信仰的人，所以成就了他们美好生活的信仰。

六、凡人都要有爱国主义的信仰

也许有人会说：弘扬爱国主义的思想，是在说大话，是在唱高调，是在故意卖弄风雅；但我认为，说大话也好，唱高调也好，卖弄风雅也罢，着实的说，弘扬爱国主义的思想确是一种高尚的情怀。因为祖国生而养育了我们，不仅仅是我们，我们的祖宗，我们的后代皆是祖国生而养育着，如此大的恩情，我们绝不能找任何的理由说："不爱她"。

既然祖国值得可爱，我们就应该保护她、建设她，绝不能让自己的祖国遭受委屈而麻木不仁。一个国家的历史如同一个人百年的经历，是多灾多难的风雨历程；或受强盗的洗劫，或受自然灾害的侵袭，或受儿女的冷落；无论哪一样的伤害，对祖国母亲来说，都将是沉重的打击。我们每个人心存爱国主义的信仰，尽自己的所能做祖国需要的事，说祖国需要的话，完成我们爱国信仰的使命，是我们时刻不能忘记的信念和职责。

总而言之，人必须有信仰。因为信仰是使心灵达到平衡的唯一法宝，信仰是人生的祈盼，信仰是人生责任的驱驰。有一位哲人讲的好："信仰的果实是奉献，奉献的果实是喜乐。"信仰是一门高深的科学的理智的哲学思想。用科学的方法选择信仰、用坚定不移的精神实践信仰，将是我们每个人生活的指南、将是我们每个人人生的坐标。正视信仰无疑是我们每个人义不容辞的重任。

——我们满载知识充满着智慧，威武地走向战场，乘长风破万浪，取得了一个又一个的胜利。当我们在庆功的盛宴上欢呼雀跃之时，值得我们永远怀念眷恋的那些人却没有参加这如此盛大的宴席与我们共享。也许因为我们已经忘记了他们，也许他们觉得自己无功享受这盛宴的美餐。当我们想起他们时，我们的睛光里旋转着晶莹的泪滴，深深地为他们的功德而致敬！因为他们是我们过去的先生，现在和将来永远是我们的先生，他们就是全人类最宽容、最具智慧、最伟大的无名英雄——老师。

论老师

老师，被人们誉为人类灵魂的工程师，获此殊荣，惟老师当之无愧。父母给了我们肉体生命，老师给了我们精神生命。老师虽然是一种社会职业，但对于千家万户来说，在每一个家庭中扮演着重要的角色。除学校老师之外，父母以及我们生活周围的人均是我们的良师。正如先师孔子所说：“三人行必有吾师也”。老师似乎又是一种对人的尊称，对人的尊敬称“老师”是再恰当不过的，因为老师的称呼是尊贵的、体面的、大方的、高雅的。在古代，皇家有帝师，百姓有家师。当今社会老师的分工较为详细，幼儿有幼师，小学有小学老师，初中有初中老师，高中有高中老师，中专有中专老师，大学有大学老师，研究生有研究生老师，博士院有博士导师。这么多老师，各有各的科目，各有各的本事，各有各的特点，各有各的教授方法，但老师有一个共同的愿望就是把每一位学生教好，并出类拔萃。老师有一颗无私的心，总想把自己的知识全部教给学生，不计个人得失。尽管有些老师有违师德，但毕竟是少数的，不能因为少数老师的不轨行为，就说所有的老师不好。按古制尊礼顺序排列是“天、地、君、亲、师”，可见老师的地位是崇高的。在经济刺激的社会，尽管人们对金钱强烈崇拜，但我认为老师依然是光荣而伟大的，值得我们敬爱的。

唐代文学家韩愈先生曰：“师者，传道授业解惑也。”韩愈先生深刻全面的总结了老师所承担的使命和职责。传道，就是传授事务的道理，在社会实践中得到充分的理解与应用，达到认知解决；授业，就是教授对人有益处的知识，对人类社会有益处的各种智慧，在社会实践中达到合理的具体的操作；解惑，就是帮助人们诠释不懂的疑难的问题，以真理的观点面对事物，在社会实践中能够研究探索事物的发展规律。人们常说：“听君一席话，胜读十年书”，意思就是多年来不解的问题，今天才得以明白。有的问题，确实需要很长的一段时间才能得以明白，或者一年、或者十年、甚至上百年。解惑，是很重要的，是尖端科学问题，或者是难度相对较大的问题。老师能如此循序渐进地做到这些事情，真是世间很了不起的人物。

我曾经理想做一名优秀的教师，但至今未了却心愿，令我遗憾了多年，我曾经为我自己谋画了一个做优秀教师的蓝图，今天，我向大家展示欣赏，看觉如何？

一、穿漂亮整洁的衣服，留雅致潇洒的发型，手里拿一课本，神采奕奕地走上讲台，和蔼可亲地、响亮地向同学们问好！

二、操浑厚的嗓音，兴高采烈、抑扬顿挫、滔滔不绝地传播着知识。

三、将准备成熟的主题，以不厌其烦的心态让座下的每一位同学心领神会、茅塞顿开，使其紧缩的愁眉舒展开来，好是快慰！

四、对那些不听话的孩子，我用良言妙语引经据典，触类旁通，迅速将其说服。

五、那个父母离异的学生，我觉他（她）有苍凉落寞之感，邀他（她）与我共进午餐，给他（她）几杯莫愁水，还他（她）一生不伤悲。

六、那个家里穷困的学生，我夜晚筹划捐助活动的方案，次日按计划实施募捐行动，让他（她）明亮的眼睛继续看着我讲课直到毕业分手。

七、学校里，我是同学们的父母，在社会上我是同学们的益友。

八、我爱祖国和人民，爱国家给我的俸禄，不爱同学们热情的礼物；我爱我的职业，爱我激情奔放的学子，不爱人间的种种诱惑。

九、我手中挚爱的白笔，是我终身的伴侣。七彩斑斓的画笔，尽情写尽人间春色，一切均是属于他们的。

十、我还是穿着那一身已褪了色的整洁的得体衣服，放射着希望的目光，注视着每一位同学步入社会。

我的谋划确是粗浅，不十分壮观，但我可以把老师尽可能做到的统统做了，可以说壮观了吧。

老师才华横溢的妙手，老师足智多谋的雄才，老师高尚道德的灵魂，老师满腹经伦的华章，老师人间尊贵的荣誉，老师天下无双的丹青，有谁能比得了老师呢？怎么能比得了呢？

——大地上有一群人，有一群人在田地里；田地里的一群人养着大地上的那一群人。田地里的这群人有一个光辉灿烂的名字——农民。农民因这个响亮的名字而千古流芳，所以我爱他们的名字，敬仰他们的工作。

当一个农民挺好

在我国封建社会，农民的地位很高，按照社会地位顺序为："仕农工商"，农民排在第二位。其实，按照职业来说，农民是第一位的，因为农民的劳动场所是土地田间，封建社会是以地主阶级为代表的，地主阶级最大的官就是封建皇帝，皇帝是什么？皇帝是天子，也就是天派他的儿子来管地的，皇帝就是最大的地主，地位最高的农民。皇帝把各地的土地分给王、侯、将、相等皇亲国戚和地方大小长官。各地又有大地主、小地主、富农来经营管理各地的耕种织造之事。皇帝相当于农民的董事长，在各地下设分公司，分公司又下设子公司，而农民相当于现代的公务员。财富的垄断者是地主阶级。封建社会有土地就有钱，有钱就建造庄园、豪宅院舍；老板合法的三妻四妾、奴婢、佣人、保镖一大批，好似一个小朝廷。公元 1911 年，封建社会的丧钟敲响，土地问题虽进行了民主性的改良，但是土地仍然控制在地主阶级手里，地主们依旧过着世袭的生活。公元 1949 年，新中国成立后，共产党实行"均田制"，进行土地革命，彻底打破了地主阶级几千年来的铁饭碗。人民政府把农村的土地进行了平均分配，人人有地种，个个有田耕，穷苦农民翻身作了国家的主人，这是中国历史上开天辟地的大事。

封建社会的时尚职业就是大、小地主。在当时来说，确实真好，但是毕竟是少数的，多数农民是苦难的，如今凡是农民都好。有人会说，当农民有什么好，土生土长，土里土气，干的多，得的少，汗水比茶水多。朋友，你言过其实了，只看到表面，没考究实质，当农民有什么不好，我看当农民挺好。

一、当农民自由

现代的农民，没人管你，自己管着自己，无拘无束，什么时间上工，什么时间收工，自己就是领导；今天干多干少也没有任务；得多得少都归你，既公平又自由。公平自由，真是人生莫大的幸福。

二、生活有保障

挣钱多少，种的粮食、菜薯一年度日是没有问题的。俗话说："衣食安，心无忧。"什么叫福？福就是一身衣、一口田；什么叫幸？幸就是有土地能生长粮食作物供人吃穿用度，生长草类植物来饲养牛、羊六畜等，供人享用，是吉祥的象征。有了幸福，还有何忧？

三、既有本业也有副业

农民种地是本业，闲时也可以搞点副业。现代的社会，科技进步了，科学种田既省了时间又多了收成。在我国平原丘陵地区耕种也就是几天的功夫，收也是几天的功夫，都是机械化收种。中途施肥、锄草也是几天的功夫，再说人力也是用不了多少的，省出了不少的时间和空闲。可以在家里搞养殖或办个小企业，也可以到城里工厂、商店、工地打工，这样，田也种了，钱也挣了，岂不美乎？

四、住房经济而宽敞

农民一家一户独家四合小院，有卧室、有厨房、卫生间、仓库、车库、晾台、院子。农村的住宅用地便宜，建房也花不了多少钱，家家户户都有自来水或压井；院子里可以养花种草，夏天乘凉，冬天晒太阳；春秋两季院里摆一张桌子、放几碟小吃、搁几杯茶水，围一圈子人，说长道短、天上地下，任你闲话，何不自在快乐。

五、各种压力相对较小

农村人不像城市里，什么都得花钱，一天没有钱，你就得封衣绝食，寸步难行。城市生活节奏快，生活质量固然好，但是各种压力压得你喘不过气来。虽然城市挣钱好挣一些，但是付出的心血可不少。挣钱少了，糊口都很困难；挣钱多了，开支也不少，掂来搞去，头昏脑涨，心身疲惫。确实，农民虽然挣钱少，但开支也小；不考虑那么多，饿了就吃，困了就睡，温温和和，平平淡淡，诚诚实实，热热亲亲，乡里乡亲，互互助助，多好的雅致生活。

六、当农民踏实安稳

农民的生存理念比较低调，从不会张扬，不会有大起大落的精神刺激。农民意识朴素而现实，很少冒大的风险；农民的生活水平要求不高，只求盛世太平，永保自己眼下安逸平静的生活。人生最大的辛劳莫过于心累，农民就不愿操太大的心，农民的这种淡雅恬静也是一种智慧的表现。其实，人生的痛苦来自于自身的欲望，淡欲则是凡人的高贵品质，淡欲是符合人性自然规律的表现。明显不能做到的事，你不尊重客观规律，异想天开，那非碰得头破血流不可。在我们生活的周围，就有一些人，做一些超越自己能力的无为之事，结果只得一败涂地。有时，我们真的要像农民学习他们的理念，过踏实安稳的生活。

七、农民的自然待遇很高

农民能呼吸到清新鲜润的空气。每到春天，大地复苏，地上的万物争奇斗艳，春花烂漫，细雨绵绵，泥土润泽，孕育众生，芳香扑鼻；每到秋天，万物成熟，果实累累，目不暇接，看在眼里，吃在口里，原汁原味，美滋滋，香甜甜，满是新鲜的货色。城里人吃的看的尽是隔夜的放透的蒙气的大堆的东西，这种局面不是有意的而是必须的，因为地里到城里是有长短距离的，有了距离就有了差别。我有深刻的体会，今年夏天，我去我岳母家，吃了刚刚出地的西瓜，那种感觉城里的西瓜真是比不了的，香甜纯正、肉鲜水浓、柔中带脆、沙中带韧，好极了！我回来时从四百公里的那地带了几个，挑来挑去，认为是尚好的瓜圣便带回省城。第二天中午杀开一吃，味道感觉大打折扣，绝没有昨天那般诱人的质色。诸如许多新鲜的食物，便也是如此！

谁能有福领略这诱人心脾的自然盛宴呢？那就是我们农民。

有人说，我就是农民有什么好呢？我说七好，他说千好万好，你能说不好吗？常言道：“当局者迷，旁观者清”，何况天下人皆是农民的后裔，怎么能说祖宗不好呢？

——健康荡漾着生命的长歌，生命闪烁着健康的光辉。养生的天工演奏着美妙的旋律，这美妙的旋律里飞舞着健康的英姿。一切因果绝妙的神奇，正是健康与养生的风流。

健康与养生

人常说："生命诚可贵，爱情价更高。"我说："生命更可贵，健康价最高。"实在地说，凡正常的人都希望自己健康，均会懂得健康的好处。最重要的是人怎么做才能健康快乐的活着呢？答案只有四个字："科学养生"。有人会问，怎样养生才算是科学的呢？

要想养好生，我们首先得搞清楚健康的要素，然后对症施法，以达其效。人，有哪些健康要素呢？基本归纳为三条，一是身体健康，二是心理健康，三是世界观健康。明白了健康的基本要素，那么养生就是养身、养心以及养志。

谈到科学养生的问题，确实是一门较深造诣的学问。人，从呱呱落地就开始养生。起初自己不懂得，完全由父母帮助做好许多养生的事情。后来到了成年，自己自然明白了许多养生的道理和养生的方法技巧。家庭环境的不同，养生的条件不同，导致养生的质量有所差异。工作性质的不同，消耗的体能不同，导致养生的侧重点不同。家庭条件好的，养生的硬件、软件较高，相对就比条件差的养生条件要好的多。从事体力劳动的人，消耗的是筋气，从事脑力劳动的人，消耗的是精气。体力劳动和脑力劳动养生的侧重点要区别开来，千万不能做一些事倍功半的事情出来，否则非但没有把身体搞好，反倒越养越差。科学养生：一是防御身体上的诸多病症产生并给予及时救治，二是调控精神上的健康发展，三是培养正确的世界观。科学养生我归纳为四大方案，一是养气血，二是抵御自然之邪，三是勤学善思，四是以愚代智。

一、养气血

1．节制欲望，即清心寡欲。贪权、贪财、贪事、贪气、贪色、贪斗、贪霸、贪食、贪恶、贪酒、贪烟、贪妒、贪乐、贪睡、贪劳、贪惰、贪子、贪玩，等等，均会快速耗费人的气血，身体必然会受到伤害。当然，凡人都有所欲，有欲望是正常的，没有欲望就没有理想，而没有理想，就无所事事。所谓贪，就是过分地占有，欲望超过了正常的、合理的、合情的度，凡超越底线的欲望均为贪。你贪了那么多，消耗了大量的气血，身体能健康吗？贪是百病之源，诸祸之本，而淡然寡欲乃是健康之良方。

2．加强锻炼。生命在于运动，培养运动的良好习惯，是最佳的养生之道。运动能添氧清肺，舒松筋骨，滋养五脏，促使周身气血畅通，达到驻气养血之功效。运动有两种形式，一是主动运动，二是被动运动。主动运动是自己独立做各种各样的体育运动，被动运动是借助他人用手法施术于身体的运动（即推拿、按摩）。

3．食养和药养：人体通过吸收食物的精气和草本植物的和气，可达到添气生血的效果。

4. 男女情爱调和法。男女适度的性生活可达阴阳气血互补的效果。男收女之阴柔之气，女收男之阳刚之气，二气合一，身心舒润，阴阳二气得衡，气血通达，犹如江河奔流，一泻千里，天地万象之神气也。

5. 劳逸结合，注意休息。我们提倡睡眠要足，夜晚没有睡足，白天要得到补充。朱自清先生说过："甜眠固不可少，小睡也别有风味。"睡眠，一养精血，二养精神，即养神经。精血足，神经灵则体盛智清，浑身畅快，便觉所劳不累，所事不烦。人常说："善休才会善劳"。这种习惯，必须持之以恒，直至终身。

二、抵御自然之邪

自然侵袭人体有六种邪气，即风、寒、湿、热、臊、署。六邪，大家较为熟知，几乎与人昼夜相随，分秒缠身。六邪的犯体是人类致病的根本原因。一年四季，每季均会六邪犯体。有人说，春中风臊，夏中署湿，这种说法是错误的。六邪，春、夏、秋、冬四季同时并存，关键是你的生活环境所决定。比如说，夏天虽热，但你被雨水袭击，或空调、电扇直吹，则会中风寒之邪；冬天，屋内太热，外面太冷，冷热相接，你会患外寒内热之疾。我们只要在日常生活中，在吃穿住行的问题上把握适宜的度，兵来将挡，水来土掩，即可奏效。一般邪气是趁虚而入，只要能树立强气，正气，日积月累提高了人的身体内在素质，强强联合，何恐六邪来犯之敌。

三、勤学善思

有人说，勤学善思与养生有何联系呢？确实有一定的必然联系。看你学什么？思什么？有好多人致病的原因是由于长期情志不畅，郁积于内而患病。有些人知之甚少，既不懂得自我解脱，又不明事理，处理问题，不能得心应手，久而久之，郁积于心，导致疾病缠身。我们要学高人的人生哲学思想，多阅读一些历史上圣人、伟人、名人的传记，这样，才可以开阔自己的视野，舒理自己的心结，陶冶自己的情躁，客观的树立自己的理想，坚强自己的意志，增长自己的智慧，培养自己的修养和内涵，增强认识看待事物的科学性，掌握处理问题的技能，调节自己的乐趣。具备了个人的基本素质，你在生活中，说话办事，看待事理，处理问题就有了科学合理的保障。每遇快乐之事不会喜过，每遇伤心之事不会悲过，每遇艰难之事不会不过，每遇平常之事不会愚过。生活中的一切琐事能应对自如，心里平衡了，吃饭可口，睡觉香甜，工作无忧，身心焉有不健之理！

四、以愚代智

在我们生活的周围，日出日落，月升月降，不免要被许多事件所围困。有些事情需要我们搞清楚，弄明白，有些事情不妨装一装糊涂，犯犯傻气，这是真智慧，因为这些事搞清楚、弄明白了对你没什么好处，何必放着清闲不清闲，非要没气找气受。当然有些气是非受不可的。比如，亲人、朋友、同事突然离去，这当然是要非气不可的，但气死你又能怎样呢？憨一点，懵一点，还是有道理的。暂时的愚，便会换来长时间的智慧，为了你明天活的更好，为了你健康的体魄拥有一个客观智慧的灵魂，以愚代智，的确是一剂妙方。

我们每个人都愿望获得健康，愿望掌握科学的养生之道。一般来说，有四种途径，值得我们考虑。一是从长寿人那里汲取经验，二是看一些医学类的书籍，掌握一定的卫生知识，三是看一些历史上关于养生的名人感言，四是捉摸一些适合自己养生的创新技巧。每个人的自身条件各有不同，养生也是一切从实际出发，根据自己的情况，多做一些对自己健康有益的事情，将自己日常存在的恶习陋习屏弃，争取做一个健康的人，长寿、活泼快乐的人。

健康闪烁着生命的光辉，养生撑起健康的一片蓝天。光辉灿烂的健康之光，浩宇蓝天的养生之道，将会成就我们生命的梦想……

——百年大计，计在教育；千年之魂，重在人才。国运之昌，昌在理学；理学之道，道在教育。

对中国教育改革的一些建议

自人类社会以来，古人从艰苦的劳动中创造了文化，从文化中获得了智慧。在历史发展进程中，用文字记录了万事万物生存运动的原理、法则体系，代代相传，继承并发展更新。

起初，先知的人教给未知的人。先知的称作“老师”或“先生”，未知的称作“学生”或“徒弟”。自有了师徒，便产生了教育体系。教育体系的形成，人类的智慧便蓬勃发展，发扬光大，社会发展日益强盛，智慧的春风吹开了科学技术的门户。纵观世界风云，18世纪前夕，西方文明的国家，工业技术革命风起云涌，而东方的中国还沉睡在梦中，当洋人的炮声惊醒中国人时，中国人面对西方列强的蹂躏，惊慌失措，束手无策。一些觉悟的中国人清楚地认识到：中国落后而愚昧的教育，不仅无能救国，更重要的是教育误国误民，若不及时改革教育，学习先进的科学技术，将面临亡国的险境。

如今，中国的科学技术虽然取得前所未有的发展，但与先进的国家相比仍处在发展中国家的水平。例如，通讯手机、汽车等许多尖端的技术产品仍不能完全独立制造。中国欲迅速赶超世界国家水平，重中之重在于教育。从中国现阶段的教育体制来看，还是存在一些根本性的问题的。

今天就教育模式谈一些看法，提一些建议与大家共同探讨。大家或许赞同或许指责，对与错，我的意见是好的，望大家见谅！

问题一：学制太长

大家看，一个孩子从两岁上幼儿园到七岁上小学，这期间是五年；从七岁上小学到十三岁入初中，这期间是六年；从十三岁上初中到十六岁上高中，这期间是三年；从十六岁上高中到十九岁上大学，这期间是三年；从十九岁上大学到大学毕业，这期间是四年。一个孩子从幼儿园到大学毕业一共受教育共是二十一年的时间。正常的孩子从出生到大学毕业正好是二十三岁。有些学生再读研究生、博士，毕业后已是三十多岁，按中国工作年龄的政策五十多岁可以退休，那么这个博士生大半生是学习生涯，只能为国家工作十多年，那么这个人才，就时间而论对自己、家庭、国家是受益的多还是浪费的多，大家都会明白。我认为，这样的学制给个人、家庭、学校、社会带来了不少的困惑，增加了不少的压力。也就是说，漫长而艰苦的求学生涯与飞速发展的时代格局是不成正比的。

问题二：教学科目多而不专

小学和初中科目繁多，每个科目都要占相当的时间和大量的精力，真正有实用的科目相对就不专了，因为总时间是不变的。一个小学生六年、初中生三年真正学了多少有用而有深度透彻的知识，我想每个学生、老师、家长一定是有深刻的体会的。高中的科目较小学、初中要好的多，但教学导向仍停留在服务于高考上。高中生应抽出一定的时间参加社会实践，掌握实际操作的技能。大学科目较多，知识非常广博，但有些科目还是假、大、空，浪费的是时间和精力，有些科目知识，当走上工作岗位后，也许一生都没有一次机会得到运用。总之，科目繁杂，导致不能专研高质量、高技能的适用的知识，导致了中国各行各业科学技能缓慢落后的水平。

问题三：学校存在浓厚的商业化气息

小学、初中虽是九年义务教育，但是，就升学而言，分数不够只要给学校拿钱就能上，这是什么名目收费也不好说清；初中升高中就更有明堂了，学校录取分数线，按照所谓的要求水平划很高的线，结果有少数的学生才能达线，大部分不能达线，不达线的拿钱上，总要达到招生计划总数。从表面看，中国的高中教育水平级别很高，其实，最后呢？还是滥竽充数，庞大的群体建立了，结果呢？浪费了国家的财力、加重了家庭的负担。这样做，从表面来说，挽救了一大批上不了学的孩子，实质是破坏了中国的教育前途，造成了好多学生产生依靠的心里，认为学不好，可以花钱上的观念。我认为教育应该出台强硬的制度，不达分数线，花钱也不可以招收才是科学合理的。制度执行得力了，断了他们的退路，起到刺激多数学生的心理，调整学生们的学习状态。教育模式基础牢固了，国家教育的意图才能得以真正体现，国家才能出现繁荣而高素质的人才市场，国家使用时，才能招之即来，得心应手。而基础打不好，靠修修补补终久是要垮的。如果一个国家的教育不能符合国家快速发展的需求，那教育这门行当就是误国误民，自毁长城。

问题四：学生普遍存在浮华的风气

如今的孩子生在太平世，长在温柔乡，大有曹雪芹笔下贾宝玉的风范，“富贵不知乐业，贫穷难耐凄凉”。穿要名牌，吃要精华，出门乘车，进门咿呀，一副封建达官贵人的派头。谈到学习的事情，父母习惯性地求着孩子，孩子习惯性地装老大，经不得风雨，受不得寒霜。农村和城市的孩子尽管有别，但也是大同小异。造成这种浮华风气的原因，即使理由多么充足，对于个人的求学成长都是有障碍的。我们每个家庭的父母都要和学校配合调整合理的教育方法，励其志，除其弊，造就一个坚强懂事的孩子。

我谈到学校商业化气息，学生浮华之风，指出问题的同时，已粗浅地说了点看法，也许是闲话，对学制太长科目多而不专之教学模式粗浅的谈一些我个人观点，以表心志：

若小学学制改为四年、初中两年、高中三年、大学本科三年，这样从小学到大学毕业学时共计十二年。从小学到大学课程科目、内容重新合理编排，配套教学以精、专、适用性为教学重点。学制长既加重了家庭负担，又增加了学校的压力，对国家来说不能快速地合理利用人才，国家的财政支出也多出了许多。纵观古今中外的各类大家，自学的成就彪炳史册。学子们早日参加社会实践，合乎现代人科学进化论的自然法则。大学毕业十九岁、研究生毕业二十三岁，血气方刚，风华正茂，学业、婚姻家庭、事业有充足的空间。步入社会，边学边干，在理论指导下实践，在实践中深化理论，这样反复检验，不达登峰造极也不失为炉火纯青，将来的中国一定会盛况空前。

教学内容要精而不宜繁，科目要专而不宜多。萝卜、白菜一大堆，看不过来，吃不消，结果哪一个都似乎相识，哪一个又似乎不太了解，造成事倍功半的局面。例如，就初中语文课本来说，三年十二本，同类体裁课文极多，真正学透的课文没几篇，其它科目也有类似的状况，一个十来岁的娃娃，给那么多东西吃，吃不了，硬塞，能好吗？即使中考考高分的学生并不见得学透学扎实，只是按照中考的题型演习的操作技能合格了，只是他（她）们的智商比别的同学略高一些，所以考了高分。如果出一些另类的课本上的实用性的题，他（她）们未必就能考高分。确实，内容多，科目多，博而不精，广而不专，这样既加重了学生的负担，又浪费了时间，还达不到预期的效果，值得我们深思……

教育是国家的根本，我们每一个中国人都应该予以关注，起码也是一种爱国的精神。提得对与错，妥与否，只是一种认识观点而已。

——古往今来，成者有凭，败者有据，无凭无据，何言成败。

成败有凭

我们闲谈阔论时，常常喜欢说一句话：“成者为王败者为寇”。这句话从表象看，是没有毛病的。刘邦打败项羽成了大汉王者，项羽成了两楚寇。国共相搏，毛泽东成了中华大国领袖，蒋介石成了台湾一隅寇。但是，这些话从内在来分析是错误的。成功者正确的道路注定是要成功的，失败者曾经错误的思维注定是要失败的。正确与错误由谁来评价呢？是历史与人民。我们不妨回顾历史，刘邦兵进咸阳，秋毫无犯，财色不取；项羽入咸阳，火烧秦宫，血洗咸阳，夺财掠女，扬长而去。让百姓大失所望。中国抗战时期，毛泽东所领导的共产党军民倾力抵抗日寇，而蒋介石身为民国领袖贪生怕死，机关算尽，消极抗日，日寇逼进都城南京，国军守将汤恩伯不战而逃，造成日寇血洗都城的惨剧。成王者，凭的是民心，成功者凭的是人心。还有人搬出了天命观，说什么，成功失败全是命，说什么，谋事在人，成事在天。其实，这样的理论完全是失败者自我解脱的一种妙语罢了。

在现实生活中，凡小事大事的成功都是有根据的，成功的凭据可归纳为：一、正确的理论作导向；二、合理的方法作指引；三、用心竭力作奉献；四、坚强的信念作鼓舞；五、博大的胸怀看世界；六、理智的态度作选择。

成功和失败是相对而言的，并非绝对。天下本没有等同绝对的成功标准，每个人各自有自己成功的标志。比如，一个乞丐。他能由要饭为生的变成自食其力衣食饱暖的人就说明他成功了；如果一个乞丐饿死街头，那他就标志着彻底失败了。我们可知“天道酬勤”的道理，上帝一定眷顾那些勤奋而有心的人。政治有政治成功的道，经济有经济成功的道，军事有军事成功的道，文化有文化成功的道，工人有工人成功的道，医生有医生成功的道，艺术有艺术成功的道，种田有种田成功的道，婚姻有夫妻各自的道。总之，凡人凡事无道，必败。

有人失败了，怨天怨地怨祖上，准不怨自己；有人失败了恨人恨妻恨儿女，准不恨自己；有人失败了找了理由一大堆，到头来仍是空口无凭。每个人都希望自己凡事成功，但要想成功必须寻找成功的凭据，凭据找到了，哪有不成功之理。走向成功的道路就是合理寻找正确凭据的过程，一切成功的凭据都在点滴细节的积累，而并非异想天开。一夜暴富或一时暴富那只是个人特殊侥幸而已，灿烂星河是因无数星星汇聚，伟业丰功是由琐事小事积累，我们要从小事做起，科学地寻找成功的凭据，做一个永恒的成功者。

——天下人都羡慕富贵，富了的谋求贵，贵了的谋求富。富也富了，贵也贵了，五千年来，却很少有人称出这富贵的分量。

富与贵

大家通常说的富贵是指有钱有势的人家或人的一种定位尊称。有的人贵而不富，有的人富而不贵，有的人大富大贵，这三种人皆是人们向往和追求的楷模，理想的要算是大富大贵。还有人说，精神的富贵才是真的富贵，依我看，物质的、精神的最大享受才是最理想的富贵。

贵而不富的人，社会地位相对较高，从事的职业显赫不失高雅，但物质享受的条件相对不太优越，精神享受确是富有的，这类人一般是有地位而无钱的阶层，从事政治、宗教、文化以及没落贵族的群体。我们熟知的伟大的导师马克思，是世界著名的思想家，但他的儿女有的因吃不上饭而饿死，有的因没钱治病而病死，生活开支大多是靠朋友资助，他的亲密战友恩格斯对他的经济援助较为频繁。马克思直到逝世，有些债务都无力偿还，但人家是不会向他索要的，因为绝大部分是赞助的。还有我们尊敬的伟大革命先行者孙中山先生，他与世长辞后，留下了两份遗嘱。一嘱原文："余致力国民革命凡四十年，其目的在求中国之自由平等。积四十年之经验，深知欲达到此目的，必须唤起民众及联合世界上平等待我之民族，共同奋斗。现在革命尚未成功，凡我同志，务须依照余所著《建国方略》、《建国大纲》、《三民主义》及《第一次全国代表大会宣言》，继续努力，以求贯彻。最近主张开国民会议及废除不平等条约，尤须最短期间促其实现。是所至嘱！”这份遗嘱写于中华民国十四年二月二十四日，而另一份遗嘱则是这样写的：“余因尽瘁国事，不治家产。其所遗之书籍、衣物、住宅、均付吾妻宋庆龄，以为纪念。余之儿女已长成，能自立，望各自爱，以继余志。”此嘱，写于中华民国十四年二月二十四日。从这两份遗嘱来看，第一份遗嘱是留给国民一句话：“革命尚未成功，同志须努力”，另一份遗嘱是留给妻子宋庆龄先生一堆书籍，几件衣物，一套房子。孙中山先生贵为总统，一生清贫，不得不让我们肃然起敬，热泪盈眶。他一生为国为民，正如他所说“因尽瘁国事，不治家产”。他的精神将永远闪耀着光辉。贵而不富的人，关键决定他的理想和追求，他注重的是精神享受，是一种别人无法超越的伟大壮举。毛泽东主席逝世后，留下的家产只有一些稿费。你让他在中国银行、世界银行搞一些私人存款，有能力做到吗？完全可以，但有这个必要吗？没有。难道毛泽东没有你聪明吗？非也。搞私人存款的高官大抵都是贪污犯。成了犯人，还能做伟人吗？还能名垂千古吗？要小聪明会误大事的。

富而不贵的人，是由所从事的职业所决定的，这类人钱是有了，但社会地位与贵人相比相对较低，他们往往盼望自己进入贵人阶层，由于综合能力所限，不易实现，但是他们在社会生活中总爱攀及贵人，或因办事所致，或虚荣所致，或因好奇，或为明天做铺垫，等等情况。有的富人有钱之后，办好事，为家庭也好，为国家也好，为贫困者也好，帮助朋友也好，总是处处想着他人，对人礼贤下士，相敬如宾，一派大家风度。有的人有钱之后，傲慢无礼，老子天下第一，胡作非为，唯恐天下不乱。满嘴粗话，满身淫气、毒气、赌气、娇气、霸气、恶气、邪气、狂气、冷气，唯独没有豪气和正气。这样做是没有必要的，你的钱是你的，谁也拿不走，谁也没指望要花你的，抢你的，又何必那样呢？

大富大贵的人，是极其稀少的，或在职的贪官，或祖上留下一笔巨款正好他（她）是高官、学士、思想家等大家。说起贪官，确实值得人同情，贪吧，一旦落马，真是凤凰落架不如鸡；不贪吧，既做不好眼下的官，明天也无望升官；靠自然过渡，等到何年何月？真烦！我劝你不要烦，还是自然过渡的好，还是少贪，尽量不贪安稳一些。人常说，“谋事在人，成事在天”，你有那个才华一定会有好的结果，不必担心，顺其自然为好。大富大贵的人固然好，人人都羡慕，但要把握正确的人生观，戒骄戒躁，做好人，办好事，看好眼下的光景，抽时间关照一下和我们一起生活在同一国家的劳苦大众，你将永远是骄者，永远是光辉灿烂的人，我们永远为你自豪。

富与贵都是来之不易的，有的是自己修炼的，有的是先人付出代价而留下的。总之，这些都是我们自己尽情享用的巨大精神财富和物质财富，无论你享用了哪一样皆是最荣华的，最美好的。

——盼望得到的人从不愿舍去；处处施舍的人，从未考虑能得到多少；舍了多少，得了多少，天道自有安排。

舍与得

舍与得是人们在现实生活中常常遇到的两种现象，而且这两种现象时刻伴随、影响着人们的生活。能正确把握舍与得的哲学理念对人生的成败，生活的幸福起着不可估量的作用。一般来说，人们大多不愿舍失，希望自己得到的越多越好，但往往总是事与愿违，无情的现实将自己编织的梦击得粉碎。还有人说："我既不愿舍，也不考虑得到的多少，这样没有风险，公平合理，然而就有人在背后捣你的乱，你不考虑得，却偏偏让你不舍还真不行。"我们想想看，你既不愿舍，也不考虑得，这种人能在地球上找到吗？事实是人只要活着，舍的事情和得的事情总要与你结伴同行的，是无法逃避的。还有人说："我也舍了，却没有得到我预想的任何好处，这又是为什么呢?"你预想的好处，当然均是指对你有利的事情，从正面看，你真的似乎没有得到直接的好处，但从侧面看，你虽然预想的好处没有得到，可是你没有预想的好处却得到了。比如说，你投资某一项事业尽管失败了，但你得到了一个沉痛的教训，获得了知识和经验，关键的问题是你对这个教训的处理态度：是匆匆收场呢？还是继续前行？这就需要将你从中得到的好处，再次进行科学的选择，选择好了，你会取得更大的成功，无论收场或前行都是成功的举动。其实，知识和经验都是用财物和付出的劳动换来的。现实生活中，人们往往是以“投石探水”的方法来掌握深浅的，投小石探小水，投大石探大水，你用一块小石探深渊是徒劳的，而你用一块大石探小河是不必要的。舍，预先要有科学性、合理性的方法加以判断，施之于行动，这样你舍的价值会大大提高，得到的机会将会更多。舍之前，对所造成的结果要有思想准备，成功了图谋壮大，失败了如何应对，这样不至于造成大喜大悲的局面。总之，失去的就会有得到的，即便是丢失的财物也不例外。俗话说：“舍不得娃娃套不住狼”，套个狼，还得赌上孩子的性命，何况大事乎！所以舍的多少要掌握度，舍一定要彻底，决不能敷衍了事。比如，你的朋友想买一件东西，需要花50元钱，向你求借50元钱，而你只借给了他（她）5元，那能奏效吗？你倒还不如一分也不借与他（她），你舍是舍了，但却没有任何功效，反而起了负面作用，人家一说你不够人格，二来他（她）买不成东西，所以你要么就借给他（她）50元钱成全美事，要么你干脆就一分也不借于他（她）成全你自己的意愿。

舍是为了得，得什么，舍何物，取决于个人人生观的问题。有的人是为了精神的追求，有的人是为了物质的追求，还有的人精神与物质皆追求。一般说来，舍，都是为名利而来，大智慧者为国家人民谋福利而谋舍，小智慧者为多数人福利而谋舍，更小智慧者为私己名利而谋舍。政治家是为民族名利而追求，这是他（她）最大的精神享受；科学家为全人类谋福利而追求，这是他

（她）最快慰的精神享受。大商人是为国家、集体、以及个人谋福利而追求，这是他（她）精神和物质的最大享受。

精神和物质是一种辩证关系，物质生活是精神生活的基础，精神生活是物质生活的导向。为得到精神生活的最大享受，必须有物质生活来给予帮助。得的大，舍的大；舍的小，得的自然也就少。得到最高理想必须承担舍的巨大风险来实现。比如，中国共产党伟大领袖毛泽东同志，为了实现他的崇高理想，在他革命的生涯中，他的家庭中献出了十三位光荣而宝贵的生命。当然，任何功业的获取，不一定非要赔上性命不可。确实成功的经验告诉我们，获取胜利，舍去宝贵的生命和物质是一种痛苦和无奈的选择。挣钱也好，当官也好，打仗也好，必须接受血雨腥风的日子，必须能承受惊涛骇浪的搏击，必须能承担别人所不能承担的痛苦，必须具有钢铁般的骨肉之躯，必须具有无端承受自然袭击的松树般的风格和意志。拥有一切，必须付出惊人的代价，否则得所何求?

舍得是个人理想的选择，舍得是阴阳互补的自然规律，舍得是人生奋斗的规则，舍得是我们永不停息的脚步。

你想让别人对你好，首先你要对别人好；你想获得美好的爱情，首先你要爱的热烈、爱的真诚；你想得到五谷，你必须在田野里辛勤耕耘；你想获得饱学，你必须学海无涯苦作舟；你想得到美满婚姻，你必须苦心经营，而你想得到一切的一切无舍而不为。

——凡今日生了的，将来终久要死亡。生生死死，死死生生，自然轮回。人岂能自作主张，人若要自作主张，唯一造化：“生的伟大，死的光荣。”

生与死

我们知道，神奇的地球上生活着无数的生物种群，而凡有生命的活物均有自己自然的生存法则和自然的寿命短长。一个个鲜活的生命以自己独特的生存绝技顽强地、精彩地演绎着从生到死的不平凡故事，而且凡有生命的活物，对自己的生存环境均怀着热爱眷恋的感情。憧憬着一个梦想：“希望能天天快乐，永远自由幸福的活着”。由于这个梦想，人类也好，动物也好，总想跨越自然法则所规定的界限，施展全身绝技与自然界作斗争，直到生命的终结。动物界是遵从生物链的法则，死去的，供着生存的，似乎是公平竞争，平衡发展。人类的死亡，除少数非正常死亡之外，大多是自然死亡。所谓非正常死亡，事故死亡，或因战争伤亡，或严重的自然灾害侵袭而亡，或犯极刑罪而亡，或暴病而亡。所谓正常死亡，就是按照自然所应许的生命极限而亡，即接近自然法则赋予的寿命期限而亡的；非正常死亡是特殊性，正常死亡是普遍性。检验真理的标准是以普遍性的事物规律来论证的，所以我们可以这样认为：人的生与死是一种自然现象，既不必惊奇也不必恐惧。在尽力维护你生命权利的同时要对死亡淡然处之，关键是要考虑生命的价值，死的结局。

我首先要和大家谈一谈人的生。生对一个人来说是十分可贵的，不管你生在狼烟乱世还是生在太平盛世。但乱世和盛世是截然不同的两种人生命运。我们读过历史的人都会明白："乱世人不及太平犬"。从人生的境遇来说，一句话道破荣辱与悲欢。生在乱世或盛世这是一个人的大气候。从小气候来说，不管你生在乱世还是生在盛世，要看你生在什么样的家庭背景之下。有的人生在闹市豪门贵族，有的人生在僻壤寒舍。生在闹市豪门，人生的起点就高；生在僻壤寒舍，人生的起点就低；起点高的，生活就会顺手一点；起点低的，生活就比较艰难一点。难道说就这么不公平吗？不。人，生来就是公平的。人生的价值要看最后的结局。

人，本是高级动物，需要精神和物质的享受，物质享受不代表精神享受，精神和物质互不代替，只能相互调节和补充，精神和物质同乐才是人的本性和价值所在。无论你生在乱世还是盛世，无论生在富贵家庭，还是贫困家庭，物质供养着躯体，精神支撑着灵魂，灵魂和肉体的共存才是一个活着的完整的人。质的东西是静止的、美好的、适可而止的；精神的东西是活跃的、积极向上的、无止境的。凡物质的都是供人享用的，精神则不然，有善恶，有美丑，其实，人生在什么社会，什么家庭是没有选择的，也是没有错误的，即使你不情愿也是没有办法的，是无法更改的，谁能给你翻案不成？虽然，生在什么社会，生在什么家庭，无法改变，但是，人能改变社会改变家庭改变自己的命运。

有的人把社会搞得倒退，有的人把家庭搞垮，有的人使自己走向歧途，反之，有的人把社会、家庭、自己越变越好。这是为什么呢？关键在人的精神导向，只要你的精神是积极向上的、活跃的、正义的、科学的，那一定不坏。人，生了活着绝不是像动物一般不择手段地吃饱喝足了事。中国有位诗人名叫臧克家，他曾经说过这样的话："有的人活着他已经死了，有的人死了他还活着……"什么意思呢？有的人活着精神已经腐朽，尽做坏事，或者活着也是浑浑噩噩，那跟死人有什么两样呢？有的人他虽然已经死了，但他生前做了许多有益于众人的事，丰功伟绩可垂千古，他的名必将流芳百世，所以他会永远活着，因为他的精神永垂不朽。

人，生到这个世界就是来承担责任履行义务的，充当扮演什么角色，承担什么责任；承担什么责任，履行什么义务。无论你是高官还是庶民，无论你是学者还是商人，均难逃其责。各自尽力履行了自己的义务，便是人生准则。你在履行义务的过程中要遇到许多坎坷，遭受挫折，同时也享受许多快乐。人生原本就是一部悲壮、苦难、辛酸、快乐的历史典籍，只是故事内容不同而已。善恶美丑，功过是非，你的历史典籍记载的明明白白、完完全全。

人，都不愿评价自己的一生，不是自己没能力评价，或评价不准确，而是因为自己为自己评价说服力不强。自誉吧，怕人家说三道四；自毁吧，自己心里感到特别不舒服，实在难为情，倒不如不说的好。其实不然，自己对自己的评价是最合适不过了，因为你自己说过的话，做过的事，自己最明白，实事求是地做一个自我评价，开历史先河未尝不可。凡生活的人，就应该坦坦荡荡，光明磊落，做得好的或自我陶醉，或扬名后世，而做错的若来不及改正，他人足可借鉴。可悲的是，有的人到死却不肯悔改，把一本糊涂账带到了坟墓，糊弄一生，糊涂一世。我们面对“生”，首先要珍惜自己的生命，其次对自己的生命要有意义和价值。活着，无愧于祖国和人民，无愧于家庭和亲人，无愧于友人，无愧于自己，这就是我们完美的人生。

人常说：“盖棺定论”。那么说，生是可贵的，死也是至关重要的。生前之事，生后论分晓。人生，开头是生，结尾是死，好头美尾才是完美人生。人死后，别人要看你的死因，死在何处？死后丧事的场面，葬于何地？这些看清楚了，便知你在生前的价值和意义。伟人、大官、小官、富人死后葬礼隆重，葬地显赫，我们最普通的人死后也要图个自然死亡，才是正常的结局。薄葬也好，厚葬也好，有人葬就好，清清白白地来，坦坦荡荡地去便是美好的结尾。人生总有一死，天下没有不散的宴席，好聚好散，就是死的重于泰山，非轻于鸿毛。历史上那些为了多数人活的更好而先死的人，他们的死的确是重于泰山，非轻于鸿毛。

俗话说：“生有凭，死有据”。有道是：生是百年福，死是千年魂……

——凡人必需获得自我生存，生存之理需作工而创功，功成必就。无工可作，难以得功；无功而无禄，无禄而无本；无本而凡人无以存活，可知凡人工作之重也。

凡人工作

一位朋友曾经和我一起闲聊，闲聊中他向我提了一个问题：人生最迫切需要求得一件事是什么？我笑了笑向他说：人，从成年到死亡，生存之本就是拥有一份工作，求得一份工作便是人们所迫切需要追求的首要之事。我的这位朋友伸出大拇指称赞我说："说得好，有事干，有工可作就是人的命根子。"

凡人拥有工作，求得赖以生存的资本，博得无穷的快乐和光彩。我们知道一个人有工可做，劳动的一切本能得到自由的、轻松的、尽情的发挥，从而体现劳动的价值而获得劳动的回报，为人的安身立命提供了物质保障，为人的精神安逸提供了营养来源。当然，一个正常的人均会明白这些最浅显的道理，并且均会有深刻的体会，既然这样，我谈这些众所周知的事情有什么用呢？然而，我们中间就有一些人虽明白道理，但不明白如何求得一份工作，一份适合自己的工作，更不明白求得工作所需要的综合素质，也不懂得珍惜工作的来之不易。即使知道工作的来之不易却不懂得去珍惜也不懂得对工作恪守敬仰，而若不懂得道理倒也无可厚非，怕就怕对工作不能甘心情愿地恪守敬仰而荒废了前景，所以我提这些普通的事情着实是必要的。

世界各地里，千门万户里，父母亲都希望自己的子女们将来能拥有一份比较理想的工作，走出家门，自食其力。地球上有一方水土就有一群人，以不同的行业不同的类别穷尽所能做的工作，于是形成不同的或大或小的劳动工作场所，或大城市、或小城镇，或农村，或大洋，或海上，或河岸，或沙漠，或丛林。地球赋予人类优越的生存环境，决定了人类所固有的不同时代的生存本领和生存法则。

寻找一份理想的工作对每个人来说，都是非常艰难的；往往历尽千辛万苦才谋得了一份理想的工作，那么怎样才能守住这份工作呢？寻求工作需要具备许多内在的、外在的素质，而守住工作同样更需要非凡的能力所为，否则，这两件事均是劳而无益的。

找一份工作需要具备什么素质呢？

一、必须有一技之长

有一技之长，不仅仅是说你必须掌握一门技术，而是指你能做的一种职业；比如，其他的事不会做，只会扫大街，做一个环卫工人也不失为一个尚好的职业，只要你肯干。天下的工作许许多多，怕就怕你高不成低不就，大事做不了，小事又不愿干，把自己吊在半空中，上不去也下不来。这就叫“碌碌无为，不自量力”。

二、依国家政策而谋职

一个国家一个时代均有就业的国策，针对国家制定的条件，按照社会提供的岗位，依你所学之能，选择一份人尽其才的工作。有人说，靠关系才能谋得工作。这种情况，不是没有，并且大有人在，可是，难道没有关系你就不找工作了吗？绝不能拿一种社会现象作为你找不到工作的借口。找工作之前，一定要自己跟自己打一场心里战，首先要有战胜自我的理念，端正心态。找工作不是跟社会不正常状态挑战，这是一种意识消极的行为，我们要以积极的态度，做自己想做的事，做自己容易做的事，做自己可及的事。

三、做非常之人，吃非常之苦，应对非常之事

一个工作岗位，每一种工种，都要遇到工种上的苦难和人际关系处理的难题，以及面对许多不测之事。我们必须得经受住身体上的劳累，精神上的折磨，坚强的果断的应对万难之事。任何一个工作岗位，任何一种工作，想干得那么完美无缺，世间是没有的事，天地日月有风雨雷电，地震饥荒，尚且不能完美，何况人乎？但有一点是可以肯定的，做了非常之人，必有非常之举。

守住一份工作需要具备什么素质呢？

一、必须具备职业道德

职业道德，首先是热爱崇拜自己的工作，其次是做好自己分内之事，三是要对得起自己手中拿的报酬，四是把自己的工作当作爱国、爱家、爱单位、爱自己、爱妻子儿女的心态。职业道德，说起来容易做起来难，每一个人都不好把握；不好把握不等于办不到；如果你办到了就会进步高升，干更大的事。还有人说，干得再好，没有关系也是无法进步的，那是一种特殊性，不足为虑，因为只要你干出了成绩，出类拔萃，上级、同事必然会赏识你，提拔你，稳固你。

二、必须具备以法为镜的工作理念

无论你是从事政治还是从事经济工作，无论你是工人还是农民，也无论你从事何种职业，不依法行事，那将是百功而无一益。大家都很明白，触犯法律的处理结果。但是，就有一些人，好好的工作不珍惜，硬要干出一些不法的勾当，或丢工作或坐牢，这叫做“聪明过分，能力非凡”。可惜，悔之晚矣！

渴望得到工作而生存的人是一个有用的人，是一个遵守人生规则的人，热爱工作而敬业的人，是一个光荣而高尚的人；只有那些不劳而获，厌恶劳动的人才是世间无用之人，无义无情之人。

凡人工作乃自然之道，尊重自然之道，便是人道。

——一个企鹅娃娃第一次下水时，伫立岸头，忐忑不安，展翅拍岸，走出去退回来，退回来又走出去，这样五次三番反复试炼，最终鼓足勇气，纵身跃入大海，消失在惊涛骇浪之中。她自知前途未卜，只怀一个信念——勇往直前，万死不辞；否则，恐怕无法回到她热恋的故土。企鹅娃娃面对险境，毫无选择地拭去泪滴，踏步前行。人，同样面对布满着荆棘的前途，那就像企鹅娃娃一样前进吧。常言道："不经风雨，怎见彩虹"。只有百折不挠的励志才是唯一的出路，才能到达理想的彼岸。

励　志

俗话说："天有不测风云，人有旦夕祸福"，而励志的作用是使人遇到挫折和大喜之事时能坚强地冷静面对。自然界的植物，有的花草很脆弱，一经风吹雨打，严寒酷暑就会凋谢，有的花草就很顽强，如梅花，不畏严寒雪打，傲立枝头。人同样有坚强的，有脆弱的，但这里指的是意志和毅力。有的人基本素质好，有的人相对较差，这是先天性的素质，而励志主要是后天性的培养和锻炼。当然，人不可能自己制造逆境和苦难来专门励志。一般励志有三种途径：一种是身处逆境和遭遇挫折后出现的亲身体会；第二种是体会从逆境中崛起的人的事迹而领会；第三种是有意做些冒险的活动锻炼自己克服困难的能力，比如登珠峰，游激流，乘舟漂洋过海，徒步沙漠，与猛兽搏斗，体育锻炼，等等。

这三种励志的途径仅供参考领悟，不是照着死搬硬套，一味的“拿来主义”。

历史上有许多名人励志成就伟业的故事，足可以让我们领悟至深。我国春秋时期，晋国公子重耳是晋国国君晋献公的次子。有一天晋献公的太子申生为了[illegible]敬他的父亲，将一块肉送进宫内让人转给父亲，晋献公的宠妃骊姬欲加害公子申生将肉里下了剧毒，以狗试毒，狗毒死之后，向晋献公进了谗言。晋献公勃然大怒，于是下令传公子申生进宫面父。申生进宫后，面对铁的事实，有口难辨，为了父亲与骊姬的恩爱鱼欢，便吞食冤情，自杀身亡。骊姬又欲害公子重耳，便让晋献公传公子重耳进宫面父，乘机杀害重耳。于是重耳识破诡计未得进宫，于是逃到封地，晋献公下令追杀重耳。重耳在外流亡 19 年，其间几次丧命，饥寒交迫，受尽凌辱，62 岁回到晋国做了国君，成为历史上著名的春秋五霸霸主之一，也是继齐恒公称霸之后的第二位霸主。可以说，重耳励志是历史上典型的例子。

西汉太史令司马迁因李陵战败投降匈奴为其开脱罪责，触怒汉武帝，汉武帝降罪于司马迁“腐刑”割去了男子最尊贵的阳器。司马迁饱受奇耻大辱，身残志坚，为实现父亲临终遗愿，用 20 年的时间完成了巨著《史记》。鲁迅先生评价《史记》是“史家之绝唱，无韵之离骚”。假如司马迁没有顽强的意志，难耐耻辱自杀身亡，焉能名垂千古。

人生就像一桌酸、甜、苦、辣的宴席，若经不起百味的刺激，何能消受这丰盛的宴餐。餐食难以消受，何能苟活于世，何谈成就功业。人生历程，身处逆境者有十六七，身处顺境者有十三四，有时顺境和逆境交叉，有时迭乘。无论大小事情，必有很多阻力，阻力或大或小，我们是无法逃避的，关键在于意志坚强与否。意志坚强的人，受许多挫折都不后退，愈挫愈勇，直到成功。意志薄弱的人，受一两次挫折便隐身而退，终难成就大业。人生就像抛物线，小逆过后，必有小顺；大逆过后，必有大顺。人生最精彩的是挑战，通过艰难挑战得到的东西才是珍贵的，才是快乐的，才具有较大的成就感。无论干什么事情，无毅力是不行的，轻而易举就能实现的梦想是稀少的，只有百折不挠，过关斩将，红旗不倒方显英雄本色。

伟大的导师马克思说过：“在科学上没有平坦的大道，只有不畏劳苦，沿着陡峭山路攀登的人才有希望到达光辉的顶点。”志在心中，励在手中；路在脚下，功在明天……

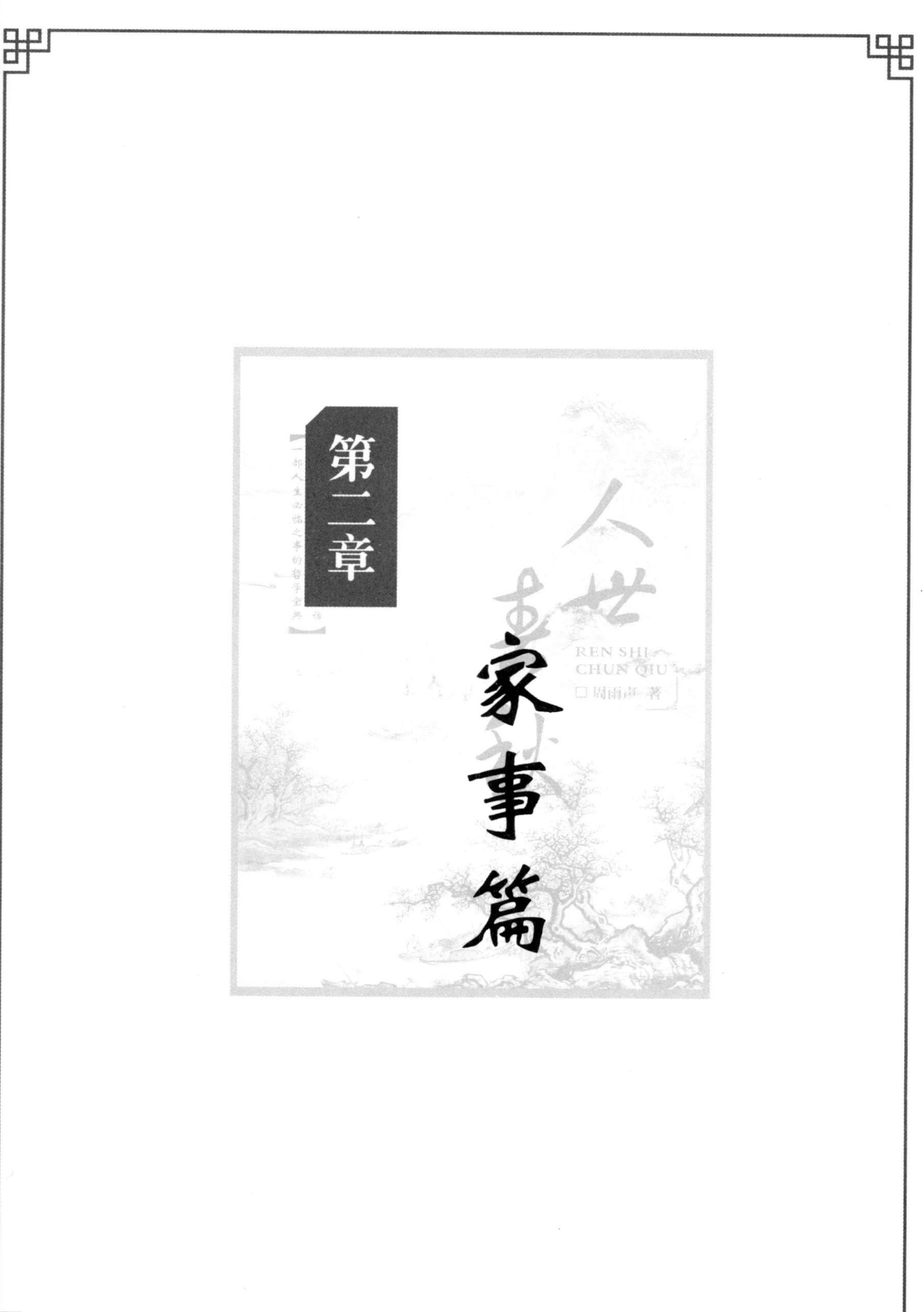
第二章
家事篇
REN SHI
CHUN QIU
周雨声 著

——风景最壮丽的是高山，人类最让我们挥之不去的是父亲的背影。父亲虽没有豪言壮语，也没有高山之巍峨，但我们用千般妙语难以说尽父亲功高盖世的万般情怀。父亲用美妙的丹青，重重地写下了他念念不忘的千古家国之事；父亲用涓涓的泪滴化作了汗水，洒向了儿女的心田；父亲甘愿燃烧自己，温暖儿女，任自己化为灰烬而无怨无悔。父亲那种无私无畏、坚强不屈、忠心赤胆、豪情万丈的可贵精神时刻感动着我们，凡有灵魂的儿女，应该敬爱我们的父亲！

论父亲

父为男性，属性为阳；父义可释为“肩上扛着两块重物”，因为父亲自古以来就承担了家庭和国家的重任。父亲在社会生活中一般有几种不同称呼：生父、养父、继父、仲父、奶父，他们不同程度的自然乐观的大义的履行了父亲的职责。天下之父用辛勤的汗水浇灌着脚下这块神奇的土地，以博大的胸怀哺育着他们的儿女，无论他们受了多大的艰难和委屈，他们依然是默默地承受着……父亲是伟大的，值得敬爱的。

父者，赖天地之神力，秉阳刚之神气，传后代之骨血，排家国之万难，拥大海之胸怀，撼山川之财源，树人灵之正气，镇百气之邪，尝万苦而不语；父者，处江湖而忧家国，居家安而教子女，心力交融，无怨无悔；父者，吐妙语之华章，创百世之基业，蒙妻子之厚爱，儿女之敬仰，万丈豪情如苍松垂于天地间，男儿本色似长虹贯日于宇宙间。

上溯到原始社会由母系社会转变为父系社会，一个家族的姓氏便以父氏为姓，父亲做了一个家庭的主宰，享有家庭较高的地位。父亲的贵贱、贫富决定着一个家庭社会地位的高低，反映了一个家庭政治、经济、文化的发展模式，也影响着一个国家与时俱进的发展基础。古往今来，有多少个家庭随着父亲的变故而败落，又有多少个家庭随着父亲的富贵而荣华。无论是皇家贵族还是平民百姓，父亲依然是他们的擎天柱。无论是资本主义社会还是社会主义社会，父亲依然在家庭和国家的舞台上扮演着重要的角色。

我曾目睹过父亲的汗水，却未曾听说过父亲的眼泪，父亲是坚强的，勇敢的，天下所有的男人都渴望自己尽早地成为父亲，他们因做了父亲而骄傲，因做了父亲而自豪。

我们知道当一个父亲很容易，娶妻生子便做了父亲。有谁知道，要想做好一个父亲却非易事，因为做父亲是最高尚的、最神圣的义务和权利，又是最好的服务社会的机会。好父亲不一定是高官、巨富、文学家、艺术家、科学家等等显赫的社会地位，做一个普通下层的平民依然会成为一个好父亲。

父亲一定要努力做到：

一、有责任心，公平地对待儿女；

二、有持之以恒的忍耐力；

三、对后代的影响力；

四、创造家庭最基本的生活保障；

五、把握分寸的爱儿女（严而不溺，溺而不娇）；

六、以德行举事；

以上六则我们可以逐一探究它的必要性和重要性。

一、要有责任心，公平地对待儿女

做了父亲给了孩子生命，就应该将这个生命养大直至有了生存的能力。首先教养儿女长大成人，小之要能挣钱养家，大之要能光宗耀祖，如果能力所及还要给儿女娶妻择婿，这也是对于他们先人和自己的责任。大多数的父亲由于中国传统风俗一般都是重男轻女，女儿似乎因为将来要嫁人不属于本家族的传后之人。尽管这样似乎有点儿偏见，不合情理，但几千年来就这样延续着、传承着。如今城里人的观念有所进步，可在农村依然是古制风俗。在农村，女儿出嫁向男方要许多彩礼，钱物一应俱有，即使父亲给她陪了嫁妆也是男方提前送来的，更不用说分家里的财产。女儿即使对父亲的做法有点怨恨，但认为是祖宗留下来的规矩，虽不合理却是合情的，家家都是这样，只好随波逐流了。这样的父亲虽有了责任心，却对儿子和女儿的做法是不公平的。虽然社会提倡男女平等，却没有法律完善的加以约束。早在封建社会，皇帝为了巩固他的统治和国家的安定，将他的女儿嫁给蛮族做妃子免遭战乱，确保平安，这就是所谓的冠勉堂皇的和亲政策，看起来是一种上等的做法，却把女儿做了牺牲品，有的一生再没有见过父母，再没有回到她热爱的家乡。皇帝的儿子封了王爷或太子享受荣华，女儿虽贵为公主却还是做了一个普通的女人。列数和亲的君主都是历史上有名的帝王，如雄才大略的汉武帝刘彻，将公主远嫁匈奴；文治武功的唐太宗李世民将文成公主远嫁西藏；号称千古一帝的康熙大帝将和硕公主蓝齐儿远嫁葛尔丹。结果呢？大汉灭亡了，大唐灭亡了，大清也灭亡了，说明这种做法是不可取的，可能这种做法能保一时却保不了一世。求得一时的益处，却暴露了国家的软弱性。这样的父亲为了政治统治，把女儿做了牺牲品，看似父亲这种大义的策略是高明的，却违背了做父亲的尊严。封建社会，某些下层人士的父亲更甚，为了生活，将自己的女儿卖她为妓、为妾、为婢，寄养她于别人家，作为别人家的女儿；送她到育婴堂里，寻常而不要紧的事，至于看她作“赔钱货”，那是更普通了！在这样情势之下，父亲对于女儿，几无责任可言！普通只是生了便养着，大了跟着母亲学些针线活、家事，等着嫁人。直到今天，有些父亲还是重点培养儿子，比如上学只供男孩受高等的教育，家庭经济条件好点儿的较好些，而这样的情况在农村更为普遍了。还有的父亲本来他没有能力养活众多的孩子，反而图一时的荣耀偏要违反计划生育政策，远走他乡超生，一大群孩子是有了，确把孩子肇得像乞丐似的，吃不饱穿不暖，根本谈不上培养，更有甚者，将养不了的孩子丢弃街头，听天由命作罢。这样的父亲还有责任心吗？责任心是父亲的天职，公平善待儿女是父亲的本分，逐令天下之父深深地思考……

二、父亲要有持之以恒的忍耐力

好多父亲由于家庭的压力而逃避、由于工作的不顺而烦恼、由于婚姻的挫折而悲观、由于双亲的离去而灰心，等等诸如其类。于是父亲就难以克制失去了坚强的忍耐力，有的为了逃避现实而自杀，有的铤而走险去犯罪，有的郁积五脏而致病，有的精神失常而发生家庭暴力或虐待儿女或打骂妻子。诸如此类酿成人生悲剧或破坏了原来平静温暖的家庭生活，伤害了儿女的心灵。可悲的事实告诉人们，父亲必须具备持之以恒的忍耐力。如果有一时过激的举动就会产生意想不到的恶果，破坏了父亲的尊严，亵渎了儿女身心的健康成长。

三、父亲对后代要有良好的影响力

历史以来，大凡有大作为或有小作为的父亲都将会对后代产生一定的影响。例如，西汉史学家司马迁，他小的时候父亲对他充满期望，希望儿子能够继承父亲的事业，所以家教甚严。司马迁12岁便能诵读《左传》、《国语》、《尚书》，司马迁的父亲司马谈任太史令，去世时遗言司马迁代父完成历史巨著。后来司马迁获罪受腐刑，蒙受奇耻大辱，痛不欲生，于是想到其父遗言，最终历经苦难，完成了不朽的巨著《史记》。鲁迅先生评价《史记》说：“《史记》是史家之绝唱，无韵之《离骚》。”可见司马迁受父亲的影响成为一代文豪，是一个典型的范例。还有隋朝李冰受父亲的影响发奋努力，苦思冥想，建成了我国第一座古老的石磙桥“赵州桥”。秦始皇受仲父吕不韦的影响，励志拓学，雄才大略开封建帝国之先河，统一了中国，完成了伟业。不仅古代尚有，历代均存。许多优秀的政治家、军事家、商人巨贾、科学巨子、文学巨匠、艺坛明星，无不受前辈的影响而成名。所以父亲既是良师也为益友，一个家庭孩子的成长父亲的影响是至关重要的，反之就会庸庸碌碌，一事无成。或误入歧途，或欺男霸女，或逼良为娼，或招摇撞骗，或卖国求荣，或软弱无能，或不学无术，或害群之马，或打家劫舍，或打爹骂娘，或赌博成性，或毒瘾天下无双，或酒色之徒，等等，诸如此类，无恶不作，贻笑大方。可谓父亲影响之重。

四、父亲要创造家庭最基本的生活来源

若一个家庭没有基本的生活保障，整个家庭的一切生活就会陷于瘫痪，家庭生活难以维持，儿女妻子便惶恐不安。家里有许多重要的开支，衣食住行，外界一切应酬，赡养老人，教育儿女上学，水电，气煤，等等琐碎开支绝不可少，无法逃脱。有了家庭的基本生活保障，家庭才会正常运转，全家便会平安度日，过基本安定的生活，这些必须是父亲或母亲辛勤劳动所得。若父亲不能创造基本的生活所需的物质财富，父亲便失去了他的天职。譬如一个国家的一国之主不能为这个国家的百姓解决生活所需，那百姓便会群起而攻之，将他从宝座上拉下来，因为他不配做百姓的王。如果父亲会创造更多的物质财富，那么这个家庭的生活将会过得更加优越，更加舒适，有豪华的房子，有气派的汽车，有先进的电器，有华丽的服装，有丰富的娱乐条件，有充足的旅游经费。我们只能祈祷自己的父亲取之有道的创造更多的财富，但也不是所有拥有大量财富的父亲才是一个合格的父亲，只要自己的父亲能尽力所为，获得了基本的生活保障就是一个很好的父亲，因为人的能力有大小，决不能违背客观规律而过分地要求自己的父亲。在此我祝愿天下所有的父亲为家庭为社会创造更多的更好的服务的机会，为积累更多的财富而努力奋斗。

五、父亲要把握分寸的爱自己的儿女，做到严而不溺，溺而不娇

父亲能科学的、理智的教育儿女是一个家庭和社会走向辉煌能量的源泉。古文化《三字经》里说："子不肖，父之过"，联系现实确有其道——孩子的不成器，与父亲的教育有很大的关系。天下之父爱自己的儿女是人之性也，但是所有的爱都是有尺度的，多爱一分便有了污秽，少爱一分便不能达效，不多不少便有了奇观。

传说古时候有一个故事足以传训。传说江苏扬州有一个比较富庶的人家，他家有两个儿子，大儿子叫有德，二儿子叫存德。他的父亲望子成龙心切，给这弟兄二人请来一位全扬州比较有名的学富五车的先生教授儿子，弟兄二人平时十分顽皮，常常骑在佣人的背上学骑马，父亲见了沾沾自喜：看我的儿子多有出息，从小就懂得敢于人上的道理。这天，先生悠悠然往私塾走，刚推开门，忽然从门头上掉下墨缸，缸里墨汁洒得先生满身皆是，先生非常气愤去找东家，东家见先生如此模样，不问青红皂白，只管哈哈大笑。先生道明了原委，想不到东家却这样说道："先生莫气，虽说小儿顽皮，可见吾儿才高盖世，将来必成大器。"先生听父之狂言，只好辞别了差事作罢。后来东家反复请了无数的先生，最多不过三日便告辞离去。东家仍不反省，执意纵子所为。糊里糊涂之中，有德、存德弟兄二人不觉长大成人。一天弟兄俩偷了家里三百两银子，径往妓院而去，在妓院因争风吃醋，二人打死了三位嫖客，被官府抓去打入了死牢，他的父亲倾其家产为儿子赎命未能奏效，后来父亲悔恨交加，无奈上吊自尽，祖业至此败落。

故事告诉我们一个深刻的道理：纵子如杀子，俩儿夺命，父亲是罪魁锅首，虽是有德、存德，却无德，父亲最后落了个以死谢罪的下场。古往今来，有多少个败落家庭的父亲所为不是步前尘就是步入后尘，只是情况不同，轻重不同而已。在此，我不一一加以叙述，留给大家思考吧。只要天下之父能悟出其中道理，不去效法，关爱儿女，各行其道，把握尺度，掌握轻重，便可成道，做一个教子有方有度有善有严的尊父，儿女甚兴，家庭甚兴，国家甚兴。

六、父亲要以德的行为举事

父亲的德行也就是天下男人的德行，因为男人现在或将来都是父亲。父亲好的德行可以美化一个家庭，美化一个绚丽的社会，可以让他的儿女作永恒的崇拜，哪怕父亲已故去多少年月，依然光泽万代永垂不朽；反之，则可以污秽一个家庭，污秽一个国家，遗臭万年。

我国春秋时期，晋国国君晋献公夫人死后，立宠爱的骊姬为夫人，一年后生儿子奚齐，时值晋献公已到垂暮之年，骊姬知道晋献公不久就将大去，想让自己生的儿子奚齐当上太子，于是骊姬误陷太子申生弑父，晋献公听信妖言，将太子申生逼死，又要捉拿次子重耳、夷吾治罪。公子重耳、夷吾获息仓慌逃离晋国，至此，晋国祸乱几十年。象晋献公这样的父亲，为了一个女人竟然杀子灭亲，祸国殃民，父德何在？君德何在？酿下千古悲剧。当然，我们不反对晋献公施行君王之道，纳姬情爱，何况又是奴隶社会，但总不能荒唐的丢弃父德，贻笑天下吧。现在社会上也有诸如此类的事情发生，有的父亲为了人性的自由，抛妻别子，随骊姬而去；当然，人性的自由是要维护的，难道父亲的德行就不要了吗？我奉劝天下的父亲既要追求人性的自由，也必须遵守父道。当然有人会说，这事哪能两全；若不能求全至少也要做到父亲的三分、五分。更有甚者一分都难以做到，儿女饥寒交迫，父亲却幸灾乐祸，只管逍遥自在，追求他的所谓的人性自由。

父德乃天下之道，四世之福也。一为妻福，二为儿女之福，三为父母之福，四为孙代之福。父无德，其妻难以共活；父无德，其父母难以赡养；父无德，其儿女难以敬仰；父无德，其孙儿孙女难以殊荣，父无德乃大罪也。父德无处不在，无时不有，父德之行多如牛毛，万言难尽，还赖众父醉而独醒，慎而行之，谨尊父德，昭日月之光华，垂万世之功。

我们明白了做父亲的道理，遵守了做父亲的行为，就是一个无愧的父亲，不管你是高官还是巨贾，也不管你是工人还是农民，也不管你是教书先生还是艺术家，也不管你是运煤工还是乞丐。既然你做了父亲，你就应该努力做一个好父亲，不卑不亢，从从容容，光明磊落，不看不比，平平和和，尽心尽职，岂不美哉！

——图画最美丽的是奔腾的河流，人类最让我们眷恋的是母亲那饱经风霜的慈祥的容颜。母亲，什么也没有，一无所有，只有一双勤劳而智慧的手、只有一颗火热而明亮的心、只有一室温暖的胸膛、只有一句喋喋不休的至理名言偷偷地说给了儿女。母亲没有任何所依，遭受了委屈独自拭去泪滴，在儿女的呼声里笑着走向甜蜜的生活里。母亲没有任何奢望，将她一天劳累的锦衣玉食直等着她的儿女们回来荡涤怠尽而求得快慰。母亲是一条充满希望的生命之河，蜿蜒曲折地、昼夜不息地流向家庭的大海里，谁也阻挡不了，谁也别想改道，而这就是母亲执著的、神奇的、伟大的魂魄。

论母亲

母性乃为女，属性为阴。女，象形文字释为坐相也；义为室中之主。母亲的称呼是光荣而伟大的，她的事迹正如她的称呼是当之无愧的。

当一个孩子学会说话时，第一句话就是喊“妈妈”或“娘”。好多人觉得稀奇，我觉得并不意外，因为孩子一出生就自觉地哭着、闹着要吮吸她母亲的乳汁。不仅仅是这些，还由于她的妈妈日日时常嘴里嘀咕着：“妈妈给你这样，妈妈给你那样的”，“妈妈”这两个字便在孩子的记忆里牢牢地储存了，所以孩子刚学会咿咿呀，便很自然、亲切地欲之呼出了“妈妈”。孩子的这种自然，母亲的那种自然不正是人类最壮丽的奇观吗？我为人类这种壮丽的奇观而深深地吸引着，于是情不自禁地要为这人间的奇观以及母仪天下的威严理论些什么。

母者，赖天地之精血，秉阴柔之神气，得阳气而产生命；母者，食粗茶之淡饭，造生命之乳汁，养儿女之体魄；母者，劳家庭之琐事，添万物之光彩，整衣物之洁缺，忧儿女之短长；母者，仰慈善之美德，仗轻巧之玉手，绘世间之精彩；母者，吐灵光与碧玉，纳四海之情爱，照日月之光华，蒙丈夫之厚爱，儿女之敬仰；母者，忍辱而不张扬，负重而不气馁，劳碌而觅其乐，倚眼泪而解千愁；母者，儿女启蒙之良师，成长之益友，万语千言而不烦，白发千丈而不悔，万古之垂青，山川之同歌。诸者，皆母仪也。

人类最早的原始社会即为母系社会，因为那时候，原始人群居而杂交，孩子生了却无法断定谁是他们的父亲，所以便以母亲为家族之志了；再加她们的孩子常常与母亲不离左右，并教会孩子们捕猎的本领，猎物全部交给了母亲统一管理并支配，母亲自然的就成了这个家族的首领，而这就是上古的母系社会。母系社会经历了漫长的时期，随着社会的发展，人口的增加，男女人数的均衡，便逐渐有了比较固定的婚配，从而使父亲得以确立。父亲的确立，标志着母系社会向父系社会的转变。这种转变还有另外一个基础，那就是父亲的力量的作用。这种力量决定了父亲较高的劳动强度。比如打猎、搬运重物、搭建房屋，抵抗外来侵略，相对父亲占了很大的优势；父亲便似乎合情、合理地取代了母亲的权力，而这就是父氏社会产生的根本原因。人类社会从那时起到封建社会的崩溃，妇女的地位才有了明显的提高。直到今天文明的社会主义社会，妇女的地位仍受传统文化的影响，依然或多或少被社会所歧视。女人迟早要做母亲的，对妇女的歧视，母亲便占了大边，所以母亲就这样不太公平的做了起来。她们对人类的贡献是任何事物无可比拟的，她们那无私奉献的精神是人类的最强音——那就是博大的母爱。有一句话说的更确切些："春蚕到死丝方尽，蜡烛成灰泪始干。"尽管这样的伟大，我还是要奉劝天下所有的母亲都要努力做一个适合自己条件的好母亲，让儿女们震撼着的心灵永远为您祝福，为您自豪！

说起做一个母亲是很容易，成年后，嫁人生了孩子便做了母亲。做母亲容易，但做好一个母亲也并非易事。做人没有十全十美的，同样做母亲也没有完美的。当然，做一个母亲最基本的准则还是要有的。

做一个好母亲一般要则有六：

一、生子女而养育之

母亲生了孩子就应该把孩子扶养大，教育成人，而天生不能生育的母亲，抱了别人生的孩子也当作是自己生的，同样该履行母亲的义务。如果你生了孩子不扶养他（她）们，小生命将不活存在，母亲的称呼还有谁来喊你呢？那人类生息繁衍的义务便失去了意义。如果母亲生了孩子，不给孩子良好的健康教育，孩子将会是一个不健全的孩子，因为人是高级动物，有意识、有思维、有思想。如果母亲从小不给予孩子科学的引导，那么孩子的智慧将会变成一潭死水，甚至枯竭，将来不但不会有生存的本领，更不用说能成大器，光宗耀祖，做国家的栋梁啦！当然也有好多母亲，婴儿还未出生就做起了胎教，这样做更好，这样的母亲是非赞成不可的。总之，母亲的第一义务就是既要重视孩子身体的健康成长，又要重视孩子心灵的健康发展，这才是正确而美好的。

二、母亲既要善于持家又要崇尚节俭，这便是母亲最好的传统美德

现代的母亲们，法律赋予她们神圣的权利，参加了社会各种活动同丈夫一样享受着平等的人生权利，但她们在家庭中却比丈夫又自觉的多承担了一份家庭事务。她们参加社会活动的同时得到了一定的报酬，而这些报酬便增加了家庭的经济收入。家庭的家务琐事开支，油盐酱醋等一般都是母亲来打点，所以母亲持家就有了双重的义务，既为家庭创造物质财富，还为家庭处理一切后勤事务。优秀的母亲一般把家里的一切开支计划得有条不紊，头头是道。比如，这月伙食费多少，小孩零用钱多少，丈夫的烟酒钱多少，添衣服多少，交际应酬多少，等等，都控制得很严格，不浪费也不显吝啬，真是恰到好处。如果一个母亲没有操持家务的本领，那就是金山银山也是不够抵挡的，任凭你有多少的家资，不会计划着开支，照样是吃了上顿没下顿，仍然是一个“穷”字作最后的了断。

我老家住在晋西北一个偏僻的小山村，我七岁那年我父亲因故去世，丢下我们弟兄姊妹一大群，可苦了我的母亲。确实说，我母亲可是一个过日子的能手。曾记得，有一年天下大旱闹饥荒，家里根本没有什么吃的，我母亲只好跑到村外的路边捡牲口驮炭洒下的小炭块，不知捡了多少天，总之，她捡的那些炭块卖了 20 多元钱。母亲硬要这 20 多元钱维持我们全家七口人三个月的生活费用，只见她乐观的日日盘算着，挤兑着，苛刻着，硬是用那 20 多元钱苦撑了三个月的日子。我现在想起来还真忘记她用什么妙法摆平的苦月，事实是我们都活得好好的过来了，这就是奇迹。也许大多数的母亲都会创造让人意想不到的奇迹，这正是母亲最美的骄傲。我祝愿天下的母亲都能发扬善于持家的美德，发扬节俭的美德，为家庭、社会乃至人类节约更多的财富。

三、母亲对儿女要有责任心

儿女要求母亲的责任心似乎要比父亲大的多。其实，对儿女的责任心父母是平等的，但孩子常常渴望母亲永远不离开他（她）们的视线，这种渴望是非常强烈的，我就有这种深深的体会。比如，好多孩子在小的时候，邻居或父母的同事开玩笑地说："喂，小鬼，你妈妈跟人家跑了。"小鬼听了这话，玩得正兴，顿时兴致荡然无存，便六神无主，忐忑不安，甚至暴跳如雷，又气又恨他（她）的妈妈，心里暗自发出满腹怨恨："我的妈妈怎么这样绝情呢?"那些开玩笑的人看了小鬼的模样，便感觉达到了目的，大觉非常刺激，刺激过后，还是会告诉小鬼说："哄你呢!"于是小鬼便用不客气的眼神瞪了他们，蹦跳着消失在快乐里。可见母亲要是突然离开孩子而去，这对一个还未懂事的孩子来说，是多么大的打击。可是社会上就有一些母亲，或因跟丈夫闹矛盾，或因嫌家贫，或因心里烦闷，或因爱上了别的男人，或因爱慕虚荣，或因贪图享乐，或因追求自由，或因工作的困扰，或因一件小事苦恼，或因生意场上的失意，或因跟邻居吵架，等等琐事，便感情用事，一气之下离家出走。有的数月，有的几年，有的甚至干脆就永不回头嫁了别的男人。母亲不明不白地走了，孩子还在梦中。梦醒之后，天真的孩子天天站在门口傻等，等久了还不见母亲的踪影，便灰心丧气，从此失去了往日的快乐。有的无心上学便辍了学，有的神志失常，有的忧郁过度而患病，有的流浪街头而成了小丐，有的因失去母爱而变态，有的甚至堕落而走向犯罪的边缘，等等现象真是惨不忍睹，可怜至极。这完全是由于那些没有责任心的走了的母亲一手造成的。还是让我们的母亲理智一些，不走的为好，为了孩子，为了这个家庭，为了这个社会多发一些慈悲为好。当然，感情用事的离家出走的母亲在我们生活的周围是极少数的，若加上我们生活周围之外，整个社会算起来也是够多的。在我们生活的周围，大多数的母亲是理智的，是有良知的，尽管她们没有离家出走，但也不乏其人，许多母亲就做不负责任的事情。去年，我通过对全国不同省份、不同城市、不同农村的走访作了一下粗略的调查，调查显示：城市的母亲在某些方面相对于农村的母亲来说责任心较差一些。随着城市现代化进程的不断推进，城市生活可谓丰富多彩。有的母亲下班后，不是回家而是直奔歌厅、舞厅、桑拿、按摩院、茶社、戏楼、网吧等娱乐场所，她们在灯红酒绿中把孩子丢到了九霄云外。她们回到家时已是深更半夜，父亲在家的孩子还好些，父亲不在家的，有的孩子则和衣倒在沙发上呼呼睡去，更有甚者，孩子放学后到半夜还进不了家门，只好宿在门口苦苦久等母亲的回归。

在农村，愚昧的母亲多的是，她们根本不晓得对孩子的责任心是什么！有的孩子到了上学年龄，母亲为了减轻自己的家务负担，便不让孩子上学在家帮她干家务，孩子不肯，母亲便不是骂，便是打，甚至惩罚孩子一天不让吃饭。这是教育孩子吗？这简直是虐待。竟堂而荒之道："上学不上学一个样，不上学照样吃饭，种地，睡觉，我和你姥姥、姥爷都是文盲，不也照样干活吃饭。"这样的母亲真是坐井观天，孤陋寡闻，无知的哲学，害人非浅。有的孩子和邻居的同伴打架大败而归，回家后哭着告诉了母亲，母亲便不问青红皂白大骂自己的孩子"窝囊废"，便说服孩子明天如何如何狠打邻居的孩子，孩子便听了母亲的话。第二天，就去打邻居家的小伙伴，以致于两家的大人抠斗起来，便引起了一场旷日持久的官司，好好的邻居就这样结了仇。在农村，以上两种事情的发生是普遍的也是比较严重的，诸如其类数不胜数，皆因母亲对孩子的责任心淡泊或教育不当所引起。这样的情形，一是毁了孩子的前程；二是纵子行恶给家庭和社会带来了不安定的因素。

母亲的责任心不强，还会引发另一种社会不良现象。有的母亲结婚比较随便，不懂婚姻法和计划生育的法律法规，糊生八生。有的因近亲结婚，生下畸形胎儿，给家庭和社会带来了不良的后果；有的本来家庭比较贫困，生了一大群孩子，最后养不了，送人的送人，掐死的掐死，活下来的几个不是缺营养就是无钱送学校教育，甚至吃饭、穿衣都是迁着就着；有的母亲患了艾滋病或类似的传染病，还偏要生下孩子，延续后代，真是自寻烦恼，害了自己，更害了孩子。诸如此类的母亲都是没有责任心的。

四、做母亲爱美且不能浮华

妇女天生就是爱美的，母亲爱美是光荣的、高尚的。母亲美丽整洁的容颜，是儿女们的荣耀，是儿女们的自豪。天下母亲的爱美是社会生活一条亮丽的风景线。母亲的爱美是多种多样的，是丰富多彩的。有的商家盯上了已婚妇女，最后想出了许多奇特的妙招，比如各色各样的化妆品、保健品、服装、健身器材、减肥特效药、除皱灵霜、整容奇术等等。果然灵验，便把许多母亲带入了一个迷茫的世界。当然，这一类的把戏在城镇可是挺时毛的，在农村，绝没有这样的条件，只能是擦擦油，抹抹粉，描描眉，擦擦口红之类的，或穿一件比较性感的紧身裤而已。当然这只是年轻母亲们惯用的手法，若到了中年以后，便没有了昔日的风光，只是偶而换一件新鲜的衣服，将头发梳得光光的，在镜子里多看几眼便算了事。

不管在城镇，还是农村，母亲们爱打扮自己是崇尚的，因为她们这样做是对生活的憧憬和热爱，我们绝不能有任何的流言蜚语，指责她们的行为。但是，如果母亲们打扮得太过分了，似乎就有点不正常了。有的经济条件有限，仍然不惜花费血本，不惜花费时间一心痴迷于美化自己的潮流之中。即使有充足的经济条件也不能把打扮成为人生的重中之重，这样做就是心灵的丑化，虚伪的表现，浮华的体现。母亲们只要做到爱美的适中，把握分寸，根据自己的经济条件、工作环境、生活场合、年龄的大小收拾得干净利落、大大方方、顺顺当当就永远是美的。

五、母亲要善良而能明断是非

做母亲的这一点是非常重要的。善良是母爱的天性，也是中华民族文化的传统美德。如果一个做母亲的只做到了善良，却不能明断是非是不明智的，也是非常可怕的。大家知道《西游记》里的唐僧，取经路上，他时时处处以善心普度众生，却让妖魔鬼怪钻了空子，一心将他置于死地，不但自己险些丧命，且害苦了他的徒弟们。唐僧错就错在他施善而不能明断是非，善恶不分，真假不辩，若不是高人相救，任他唐僧有多少条命也难逃其祸。唐僧的处世哲学足以给所有的善良的母亲以及所有的人一个沉痛的教训。在现实生活中，有人扮成乞丐靠近一个孩子的母亲，伪装成可怜的模样让这位母亲动了同情之心，于是她善意地将这个乞丐领回自家吃了一顿饱饭，这是第一次。第二次这个乞丐直接到她家行乞，这位母亲一开门，便被这位乞丐劫持了，然后把她的小儿子绑架后，逃之夭夭，于是卖掉了，换了钱财，这位母亲后悔不该领乞丐到自己家里吃饭，也恨自己愚蠢没有识破乞丐的诡计，酿成了终身遗恨的悲剧。

有一位母亲她的同事叫张春杏。张春杏人倒是生得蛮好看，就是满脑子心眼。有一天张春杏对她说：“人家都说你老公有私人存款，在外面还养着个小老婆，就你和孩子不知道。”她听后，火冒三丈，破口大骂丈夫。过了几天，丈夫从外地出差回来，她便向丈夫提出离婚，搞得丈夫莫名其妙，还以为是妻子在家有了外遇，但丈夫思前想后，总觉得妻子是一个贤妻良母，没有什么可疑的迹象，认为她一向是善良贤惠的，于是左劝右劝，万般解释，都难平她的心头之恨，仍是一个铁石心肠，哭着闹着要离婚。丈夫无奈一气之下和她办理了离婚手续。可离婚没几天，那个张春杏跳了出来，她硬是缠着人家离了婚的丈夫和她结婚，最终如愿以偿。这位母亲得知张春杏缠着她前夫结婚的事，她才恍然大悟，是中了张春杏的计，造成离夫别子的结果，于是她痛不欲生，追悔莫及。

这个故事告诉人们一个深刻的道理："善良的母亲需要明察秋毫，明断是非，决不能以善待恶，听风就是雨。若如此，害了自己，自食其果，失去了丈夫，失去了儿女，破坏了自己一个完整的家庭，同时给社会又增加了一个畸形的家庭，这是万万不可取的。

一个家庭的生活，母亲要应付好多事情，光善良是极其不够的，光是善良决不是一位好母亲，也不是一位好主妇。在家里，首先打交道的是丈夫、儿女、公婆、妯娌、叔辈们，其次是亲戚、朋友、同事、领导以及周围的好多人，待人即为做事，不能善良的、明智的、大义的待人，就做不好事情；做不好事情就不能做好人；做不好人，那这个母亲就不合格了。

六、做母亲一定要礼尚往来不能算计

中国是一个礼仪之邦，无仪即无礼，无礼即不能行仪。礼需要懂，仪需要行。懂了却不行，就是无仪。许多做母亲的爱打小算盘，只喜欢得而不善于舍。一个“舍”字可难住了大家。这大家可因母亲的一念之差竟毁得面目全非，出门怕人家看见，聚亲不敢多言，朋友断了道行，双亲多了几分怨恨，儿女学得自私，她却坦然，别人见了没有了往日的热情却多了双双冷眼。这算计却是可恨，竟坏了许多大事。生活竟如此的冷落，吃的多好，穿的多美却失了神机，都怪母亲不懂礼仪多了算计。

当然，天下完美的母亲是极其少有的，强求做一个完美的母亲也是极其过分的。在社会生活中，一个母亲需要做好的事，实在是太多了，无时不在，无处不存。我笔之言只能略表几事，难尽母亲之功过，只好以一事应万事，给母亲一双慧眼，察世事之道，明己之尊，观己之行，尽其所能，修己之身，树母仪之丰碑，仰万代之德，浩然于天地间，我夙之愿。

——松柏以四季常青而独领风骚，男人以儒雅英武而鏖战群雄，俱表风度而竞显风流。

男人的风度

纷繁复杂、丰富多彩、百废待兴的社会生活，赋予了天下男人迫切的使命。似乎好多事情都是男人的事，迫使男人自然的肩负着不可推卸的责任和义务。些许男人困了累了烦了发出长叹："下辈子做啥也不做男人。"只可惜，下辈子太遥远，最现实的是这辈子，你只好咬着牙、硬着头皮，拭去汗泪毫无选择地继续前行……

做男人难道真的不好吗？做男人轰轰烈烈，挥挥洒洒；口若悬河，荡气回肠；血性方刚，惊心动魄；策马扬鞭，攻城掠地；歌舞升平，美幻绝伦；家国刻骨，生死无悔，岂不快乎！

男人心事重重，豪情万丈，未俱风度，何俱风流？有人说，美男子、帅哥就是颇具风度的男人；有人说，男人慷慨，出手大方就是风度；有人说，男人锦衣美食、豪宅名车就是风度；还有人说，男人三妻四妾，美女如云就是风度。别样男人别样风格，别样角度别样看法，各表千秋，众说纷纭。男人无论长相如何？穿着疏理、言行举止、志趣爱好、处事风格尽显男儿本色。

古今中外，东南西北，有风度的男人从表相来看：五官端正，干净利索，神采奕奕，落落大方，庄重威严，和蔼可亲；从内在素质来析：坦诚刚毅，智慧果敢，慷慨大度，爱憎分明，言行一致，柔情似水，德行正义，大爱无疆。在现实生活中，大凡有风度的男人主要表现在说话、办事两个方面。一个人从婴儿开始学会说话一直到生命的结束，说了一辈子的话，做了一辈子的事。回顾个人历史，说了哪些有分量的话，做了哪些有意义的事，合起来就是你个人风度的有价总值。男人女人同样的价值便一目了然。我们通常讲，男人注重的是风度，女人注重的是风采。做男人讲度，做女人讲采，便是男女之别。

谈到说话，对于男人来说，适应场合之广，适用价值之高，着实言少难以可表。一个人会说话，不能只凭发声，就能表明你能言善语，关键是考虑你能否说的不多不少，清脆悦耳，恰到好处。聋哑人讲话虽不能发声，手舞足蹈，张扬的是哑语，但能言行一致干出许多杰出的事来。大家知道聋哑人从来不讲多余的妄语狂言，却能无闻举事。古人说："言多必失"。口若悬河也好，沉默寡言也好，说话要分场合，分对象，把握分寸，一切所言是根据需要来讲的，并非卖弄张狂。俗话说："男人一字值千金"，可谓名副其实的金口玉言。说话不仅言语有分量，措词把握分寸，还要有和谐一致的面部表情和特定的动作。一言一行，一颦一笑，一慎一怒配合默契，荡漾感情之色彩。我们在文学作品里，影视传媒里，广播会场里，学校课堂里，或悟到，或看到，或听到一些政治家、军事家、文学家、学者、讲师、诗人、豪杰、战将、商业巨头、政府官员、平民百姓等等……从他们的讲话声音里发出的力量，从他们的举止里透出的撼动人心的形象，从他们的话语里见证的分量，足见他们雄姿勃发，挥挥洒洒、可敬可亲的风度。谁曾不敬爱这样的男人的风度，谁曾不仰慕这样的男人的风度。

有人说话，出口粗话脏话，举止狂妄自大，目无尊长。有人说假话，说空话，说大话。有人对上级、对女人甜言蜜语，腑首卑躬，对父母、对朋友、对同事、对他人横眉冷对，傲气十足；有人说话吞吞吐吐，窝窝囊囊，举止怯怯懦懦，遭受一点委屈便蹦不出半字，于是愁眉苦脸，哭哭啼啼，恰似闺中怨妇；有的人说话啰哩啰嗦，大有无病呻吟之态，让人十分烦闷厌恶。诸如此类，哪有风度可谈？造就男人讲话的风度，一来自家庭教养，二来自个人学习领悟，三来自个人基本素质，四来自生活历炼，五来自个人道德品行，六来自个人身份地位，七来自个人志向胆略，八来自个人文化素养，九来自个人举事的需求，十来自工作环境。男人学会说话，确非易事，用科学的方式塑造自己，虚心地说出科学的话，风趣的话，有用的话，便是我们男人义不容辞的职责，方显男儿的无限风光。

谈到办事，对于男人来说，需要所办诸事之多，所办万事之苦，着实笔墨难叙其尽。男人首先学会说话，然后才能得心应手的劳动诸事。可见，说话的目的是为了一事的成全。常言说："说话是开路，办事是走路"。说话有风，办事有度，就是男人的风度。一个人说话雅致，办的事妥帖，是一个高尚的人，是一个纯悴的人，是一个脱离低级趣味的人，是一个值得敬爱的人，是一个值得信赖的人，是一个我们向往的人，是一个值得我们学习的人，是一个被历史永远铭记的人。

男人们聚在一起常喜欢说一句话：“男人得有事可干，没事干快要疯了”。男人确实得有事可干，不仅要有事干，还要干大事。但是，看你需要干什么事？干事的质量如何？干事的效率如何？干事采取的措施怎样？干事的态度如何？干事的数量多少？为谁而干事？

不管干哪一件事，必须是言行一致，说到做到，许多人说的多，做的少；有些人做的多，说的少；还有一些人既不说也不做；还有一些人说的好听，做的却恶劣。有的人一生，事儿做了不少，回顾历史，尽做了些坏事，好事他是不会做的。伟人一生只做一件事，做了为人民服务的事，论数量只一件，可质量、效率、品味、态度、立场，作风是值得我们敬仰的。有的人，该做的事他看不见，或看见了他却既不去做也不会做，而不该做的事，他却寻着抢着去做，且不说会与不会，也不说有益无益；有的人，应该做的事他做的很好，不应该他做的事，他也照样做得细致入微，合情合理，总是需人所需，急人所急；有的人，遇到艰难之事便束手无策，撒手退却，不去刻苦争取奋斗；有的人难事办不了，易事也办不好，一生庸庸碌碌，无所事事。爱好下棋的男人，总想与高手对决，这种心态确实值得学习，起码这种人不畏艰难，勇于挑战，学习技艺是好的开头，若能坚持，他将一定会成为高手。做事也是这样，难的事，苦的事才是最有价值的事。男人就应该做难事，做好事，做善事，做大事，做急事，做自己分内之事，做自己能做的事，做自己快乐的事，做益于家庭、有益于他人、有益于社会、有益于国家的事。

做一个有风度的男人，绝非个人之事，而是众人之事，家国之事。若一个国家一百个男人有九十九个有风度的男人，那这个国家必将是一个强盛的、文明的、富裕的、伟大的国家。我时常想做一个有风度的男人，但至今觉得总不能感到满意，常常责备自己。今天，我从此不再自责自痛，决心与大家一道努力奋斗，争取明天和大家一起成为有风度的男人。

——毛泽东同志《咏梅》诗云："已是悬涯百丈冰，犹有花枝俏，俏也不争春。只把春来报，待到山花烂漫时，她在丛中笑"。傲雪冬梅，直上云霄，这就是女人的风采。

女人的风采

小说《红楼梦》里，贾宝玉曾言：男人的骨是泥捏的，女人的骨是水做的。客观的说来，此话并非宝玉之意，而是作者曹雪芹托宝玉之口而言。照此见证，水的风光便是女人的风采了。一语道破了女人的阴柔之美，男人的阳刚之性。女人无奈时像清云流水，女人坚强时像泰山松柏。曹雪芹似乎对女人的看法有所偏见，也许那时封建专制下非常环境中女人共同的特点。无论什么时代也无论什么社会？有女人就有女人的舞台，有她们的舞台就有她们的风采，只是舞台的特色不同，所展示的风采不同罢了。每个女人都希望自己的风采昭示天下。

天下无论男女，第一个见到的也是自己最熟知、最敬爱、最亲爱的女人便是自己的母亲。不管别人怎么看待自己的母亲，自己无论如何也认为自己的母亲是天下最美的、最有能力的、最完美的女人。也许有人会说，这是一种偏爱，并不客观。我实实在在地告诉大家，如果那位母亲根据自己的条件、能力、穿着打扮、言行举止、干净利落，仪容整洁，并且尽力做了她应该做的事，完全可以大胆的偏爱或私爱，因为那位母亲真切的具有女人的风采和魅力。

每位母亲说的话，做的事，对孩子们来说，大多是有益的。长大成人后的儿女们当回忆起母亲走过的路，说过的话，做过的事，晶莹的泪光中无不闪烁着母亲的风采。妻子对丈夫说过的话有力度，做过的事有分量，丈夫大觉他的女人是伟大的。女人大部分的时光，徘徊在孩子和丈夫的田地里，同时徜徉在社会里说着有力度的话，做着有价值的事。还有些女人成年后，好长时间未结婚或结婚后没有孩子，尽管没有面对孩子和丈夫，但她面对了社会，为社会和人民说了有意义的话或做了有价值的事，诸如此类，同样展现着女人别样的风采。不仅仅是一个母亲或妻子，让她的孩子或丈夫私爱，有的人对别的女人同样是有私爱的，不同的女人，不同的特色，就有不同的私爱。

女人的风采，主要体现在说话和做事两个方面。当然，除了会说话，能做事还有貌相讲究，那便是更具风采的女人。男人眼中的女人：重色者慕姿，重贤者慕德，重情者慕义，重劳者慕才，重荣者慕美，重利者慕财。世间本没有完美的人，所以也就没有完美的女人。多么出色的女人也会犯一些错误。有的女人，有些错误尽管永远无法挽回，但是，她做过的辉煌事迹，还有她美丽的身影却永远地载入史册，故事传奇、音容笑貌让我们挥之不去……我们并不能由于她犯一些错误便全部抹杀她女人的风采。我们评论女人的风采，断不能求全，要欣赏女人们各异的风格特色；也不能因为一个女人生活在底层干着普通的大众工作，就认为她不具风采。新闻媒体和小说里、影视作品中主要宣传的风云女人只是风靡女人的代表，别人不知道的大多杰出女人因不知名而让人淡薄了她们出色的功绩。女人的风采可谓多矣！人类因女人而生生不息，家庭因女人而生辉，男人因女人而过得滋润，一日三餐因女人而精彩，穿着因女人而多彩，一个都市因女人而喧闹，一个孩子因女人而活得健康。我们的世界因需要而离不开女人，所以难怪有人把女人称作“女神”，真是贴妥之至。

历史上有许多风云女流，汉代有王昭君、吕后；唐代有武则天、杨贵妃、文成公主、太平公主；宋代有李清照、苏小妹、李师师；明代有梁红玉、花木兰；清代有孝庄、慈禧、吕四娘、冯婉贞；民国有宋氏三姐妹、秋瑾、赵一狄、林徽因、陆小曼；等等数不胜数。她们或说了有意义的话，或做了有价值的事。有的重于政治，有的重于军事，有的重于爱情，有的重于经济，有的重于才姿，有的重于学问。她们之所以能历代传颂，不仅仅是苟于美貌，更重要的是她们的形象让人可敬、或可亲、或可爱。

历史的长河淘尽了无数的杰出女流，在如今现代的社会，上至高层，下到民间依然流传着无数杰出的巾帼风流佳话。无论城市还是农村，无论富贵家庭还是贫寒家庭，无论高级职业还是低级职业，她们同样以不同的风采不同的美丽耀入人们的眼帘，她们以温柔的情怀流传着不朽的故事。

女人一切的美，来自于她们默默无闻、波澜壮阔、酸甜苦辣的言行举止之中——这就是我们可亲可敬可爱的女人风采。

——鱼无水性而难渡，人无知而难活。岂知修身之大理乎！

修　身

一个人还在娘胎里，父母便天天祈盼着、惦念着明天将生出一个完全健康、聪明、可爱、漂亮的孩子，于是千方百计做一些有益于孩子健康成长发育的胎教，修身的理念也许自此初步酝酿开来。修身的目的是什么呢？修身的目的就是为了使一个人身心达到健康，树立远大理想、拥有智慧、掌握适应生存环境的一切技能和本领，从而为自己、为家庭、为国家做出应有的贡献。修身是人生一世从不间断的一项艰苦的工作。人常说："活到老学到老，活一日做一日的功价。"修身是人类社会发展的重要课题。修身的具体途径随着时代的发展进步，发展而发展、进步而进步，而不同时代则有不同时代的修身文化理念和修身途径。

我国封建社会，明代以前，修身途径以儒家学说为主，以极少的自然科学为辅的修身理念，将所学知识广泛应用于落后的漫长的社会生活之中。到明代中叶，随着造船技术的提高、远涉重洋，与世界各国政治、经济、文化艺术的交流取得了突破性进展，从中吸取了西洋先进科学技术的营养，大明天朝对国民的修身理念有所变革。虽然入股取仕的科举制度依然扮演着重要的角色，但在民间科学技术的发展较前朝有了较大的发展，修身的科目种类也大大得以拓展。手工业、建筑术、医术、数术、天文术、造纸术、冶炼术、陶瓷术等取得了前所未有的盛况。到清代康、雍、乾时期继明代的基础上，自然科学虽又有了新的突破，但是极其落后的工业技术已难以适应世界潮流工业技术飞速发展的大势。清代晚期，科学技术的落后，军事装备的弱小，洋人的坚船利炮敲开了华夏天朝的大门，将中国沦为半殖民地、半封建的社会。到十九世纪初，中国发生了一件举世闻名的大事，1911年，孙中山领导的辛亥革命彻底结束了三千年的奴隶暴政，推翻了两千年的封建专制，中华帝国皇帝从此走下了中国的政治舞台，建立了“民主共和”的中华民国。自此，世界的先进文化刺激了中华民族，彻底打破了教条的八股取仕的科举制度，掀起了百家争鸣的热潮。这仅仅是中国人的觉醒，科学技术仍处于落后状态，远不能使国家的各项建设使用先进的生产力，远不能抵御列强瓜分中国的狂潮。到公元 1949 年，在毛泽东、朱德、刘少奇、周恩来、邓小平等领导下的共产党人建立了中华人民共和国，至此，中国结束了长期战乱的惨状，走向了和平。而修身理念得到了根本性的转变，促进了科学技术的飞速发展，“两弹一星”的升空，国人振奋、世界为之震惊，列强虽虎视眈眈，但绝不敢越雷池一步，从而使中国出现了长治久安的强大局面。

在一个国泰民安的国度里，丰富多彩的社会中，赋予我们每个人的使命就是安心地埋头修好自己的身，从而获得更高的智慧，掌握更加高超的本领，使个人得以生存，造福家庭、造福国家。修身的理念和导向直接影响着一个民族的综合素质，影响着一个国家的兴衰存亡，意义重大而深远。

修身所追求的境界：使得身心健康、智慧发达、能力超群、激情洋溢而拥有完美的人生。

封建社会修身的唯一途径是求师读一些单调的教条的书。现代社会修身的途径比较广泛，除了学校教育以外，还有看电视、翻阅计算机、听广播、阅报纸以及许多不同场合的实践学习。通过多种渠道的学习，广泛应用于社会各种生活之中。其实，学习的作用也是为了修身。修身的作用：一可以丰富娱乐生活；二可以装饰自己善于辞令；三便于社会生活中各种事务的判断和处理。在学习中我们会深深地感觉到：阅读使人充实，辞令使人敏捷，写作与笔记使人精确，史鉴使人明智，诗歌使人巧慧，数学使人精细，物理使人明理，化学使人变通，博物使人深沉，伦理之学使人庄重，逻辑与修辞使人善辩，电视使人洞察生活，报纸电脑使人获得信息。通过学习不仅可以获得智慧和本领，还可以变化人的气质修养。通过多种渠道的修身，我们的智商、胆商、情商就会更加充实，生存的本领就会更加高超。家庭、国家、世界的重任，你在实际操作中就会显得轻松自如，前进的道路就会相对变得平坦。大智慧干大事，小智慧干小事，没有智慧焉能干事？

修身的学习是一个相当艰苦而复杂的劳动过程。孔子曰："人之初，性本善，性相近，习相远。"孔子教导我们，学习最重要的是专研和刻苦。人，生来一切生理机能是趋于相近的状态，后来在学习的过程中，因学习优劣的差异而拉开了距离，从而出现了不同的人生特点。毛泽东主席曾经说过："一般说来，成功了的就是正确的，失败了的就是错误的，如果本质上有能量，暂时失败了，将来只要努力，但以后总有一天会要成功的。”我们通过学习提高自身素质，自身素质提高了，无论干哪一行，总会有成果的。上至政治家、军事家，下到平民百姓，无非是干的工作不同而已，同样都需要掌握特色的本领来完成自己的事业，否则，做一个普通的百姓也是没有把握的。

一个人从幼儿园到博士毕业将近三十年的求学生涯，这期间饱含了个人以及父母、老师大量的心血，耗费了大量的时光、财物，可谓情真意切。在封建社会更有甚者为了取得功名，耗费了整个家族的钱财，耗费了大半生的时光，求学求到白头仍不懈怠，可谓悲壮之极。像清代蒲松龄先生七十二岁才得贡生的学位，虽未取进士功名，但功夫不负有心人，饱学诗书，终于完成了巨著《聊斋志异》。一生一事足矣。

我们在修身治学的过程中，我觉得还是务实一点为好，不能由于为了死读书，读死书而浪费大好的青春年华，浪费来之不易的钱财而修无用的身。我们每个人只要掌握一技之长的知识为基础，学会自学的宝贵理念，天天学，随时随地学，也不失为一个尚好的方法。况且，衡量一个人智慧本领的大小，并不是决定于上学读书时间的长短，关键在于通过各种渠道的学习掌握能力的大小。在社会实践中，你是否具备判断事物、解决问题、处理事务的能力，是衡量你修身的真正本质所在。现实生活中，有的人书是读了不少，但在实际运用中却一窍不通：有的人书虽读得不多，但在实际运用中却得心应手。读书多少最关键的是要掌握事物的发展规律和掌握处理事务的技巧。学以致用，用不上就等于无学无术。凡知识都是科学的东西，不总结科学的合理性，耗费大半生的时间和精力来上学读书，那又有何益处呢？求学最佳的方法是自学。在生活中，工作之余，学习了实践，实践了再学习，这样反复推敲，掌握的知识会更准确些、更快一些。当然，自学是有条件的，必须具备自学的素质，否则自学是非常困难的，即使自学了也是徒劳的。求学是根据个人的需要来学的，你需要什么学什么，不能这也学，那也学，到头来什么也没学到，什么也不懂得。

有人说："汉高祖刘邦、明太祖朱元璋、东北王张作霖都不是大老粗吗？他们照样干成了轰轰烈烈的大事。"大家不妨看一看刘邦、朱元璋、张作霖的传记，他们都有过人的自学态度，他们只不过是没有接受较高的正规教育，而不等于他们就是无知。大家知道，伟人毛泽东学历只是湖南长沙师范学校，后来呢，成为了中华人民共和国的开国领袖，成为中国历史上第一位以政治家、军事家、思想家、哲学家、诗人著称的国家最高级别的领导人。他波澜壮阔的一生，从未离开过书籍，可见他治学的行为是与生命共存亡。

修身，即为修人的才，修人的德，因为德才兼备才是修身之要旨。大才者正诸事，大德者正人形。人道是，博得雄才应万事，博得大德纵天下，才德全而修正果。

修身的另一重要课题是拥有健康的人生。完美日用品有限公司有一句话说得好："缔造完美事业，拥有完美人生。"人人都欲缔造完美事业，往往却忘记了自己的身体，于是殚精竭虑，废寝忘食，呕心沥血，导致身体极度透支，不知不觉昔日的容光荡然无存，身态变得娇喘微微，力不从心。俗话说：“身体是革命的本钱”本钱用尽，何以经营。

修身是人类光荣而崇高的事业，过去失误了的今天已无法挽回，从今日开始，大家一定要重视修身，科学的、用心的修身，从而昂首阔步、风光无限的实现自己健康、智慧、耀眼的完美人生。

——事国而忠，事亲而孝；古今忠孝之道，谁言不能两全？

孝　道

孝道是子女对长辈行孝的文化理念和诚实孝举。子女们能基本懂得孝道，在行孝过程中不致于走向误区，真正做到较为妥帖的孝举，使长辈们确确实实感受到孝的快慰和温暖，真实的、满足的享受无尽的“天伦之乐”。

行孝理念一般突出表现在四个方面：一是孝爱；二是孝敬；三是孝顺；四是孝宜。一句话：就是对长辈们发自内心的亲爱和敬爱，让长辈们顺心，并能及时的施孝。行孝者不分年龄大小，不分贵贱，不分贫富，不分距离，不分时节。孩童可以孝，成人可以孝，高官可以孝，平民可以孝，贫穷可以孝，富裕甚孝，在身边可以孝，远行也可孝，节日可以孝，行孝重在平日。

孝举不仅是一种美德，也是一种责任。人无孝而家无序，家无序而国无道，国无道而天下乱。我们既要懂得孝道的理念，还要明白行孝的对象、次序以及方法。掌握孝道的基本常识，对我们尽孝以及处理家庭事务会有很大的帮助。尽孝更是做人的基本原则。行孝的重要性大家都很明白，但行孝的对象，次序以及方法众说纷纭，难归一统。

行孝的对象一般来说，就是自己的祖宗近亲两辈。祖父母以及祖父母的亲、堂、表亲，父母及父母的亲、堂、表亲。行孝的次序一般是由近到远，先急后缓。首孝父母辈，次孝祖父母辈，但特殊情况即可倒置。行孝的方法包罗万象，但最重要的是根据自己的条件尽心尽职便是大法。行孝的大忌是“丢了西瓜，抓住芝麻”。许多行孝的感人事迹，我们可以受到启发，但绝不是千篇一律，人家干啥，你也干啥。要按照受孝者的需求，对症下药。万不可渴了你给酒喝，饿了你给水喝。行孝讲究的是实际，切莫虚情假义，做戏应付。

孝道，总体来说就是时常心里想着诸亲，获知诸亲需求后，慷慨出手。人的孝举是从儿童时代开始做起的。有人说，儿童能懂得什么是孝？我认为儿童虽然未涉世事，但至少从小明白不惹父母生气，有好吃的会让给父母吃一些，这一微小的举动便是孝举。孝心就是从儿童时候做起的，如果能代代相传好的家风，发扬光大家族文化那是最好不过的。

人一生的孝举分四个阶段：一是童年时期；二是求学时期；三是涉事开始到暮年；四是暮年到生命的结束。

一、童年时期，童年是孝心的萌芽期，叫做童孝

子女出生后，逐步与父母奠定亲密关系，慢慢懂得了父母是孩子唯一依靠的亲人和恩人，进而孩子学会感恩。比如，说一些让父母亲高兴的话，帮助父母做一些小小的家务，父亲节或母亲节买一些有意义的小礼物，赠予父母，而诸如此类的举动，便是真诚而纯洁的童孝。

二、求学时期

从小学到大学毕业或更高学历，这个时期为人生的醒世时期。有人说："上学阶段，何言孝举？"此言差矣，这个时期，首孝就是能懂得"好好学习，天天向上"。这就是对父母的大孝，那么这个人可不是凡人，将来必成大器。你想，父母此时此刻的心情，一心就是望子成龙，望女成凤，如果你好好学习了，天天向上了，对父母来说是多么大的荣幸和快乐，对爷爷、奶奶、外公、外婆来说又是多么大的喜悦和快慰。因为你的举动博得了长辈们的赞许，无论你的成绩如何？你在尽力而为之。如果你不好好学习，回到家里帮父母干这干那，如何讨父母欢心，绝不是他们眼下所希望的。学一些做人的道理，做一些对成长发展有益的举动等行为，叫做"学孝"。另外，能和父母沟通谈些知心的话儿，时常观察父母的喜怒哀乐，帮助父母打开心结，也是孝。

三、涉世阶段是人生步入社会时期，一般来说，涉事层序为：就业、婚配、生育儿女以及处理社会事务和家庭事务

首先是就业，求得生存立足的条件，然后获取功名。如果你没有职业，无所事事，还靠父母养活来求得生存，父母就会想到你的将来，整日一个"愁"字，那么你急需办的事是尽快找到工作，能自食其力，消除父母对你的顾虑。这就是此时最大的孝。如果你的工作解决了，并且工作干得非常出色，可你已到三十而立或四十不惑仍是光棍一条，尽管你平时对父母的关怀无微不至，结果呢？父母不愿穿你买的衣服，不愿花你的钱，不愿接受其他的孝举。你觉得父母很是奇怪，哪究竟父母是因何而对自己这样呢？其实原因很简单，因为你的父母看着你老大不小还是光棍一条，他们能不闹心吗？所以你到结婚年龄，就得结婚，过正常人的生活。孝，不仅对父母生活上要关怀，还要懂得为父母排忧解难，才是明智之举，才是非常的大孝，父母焉能不快。人常说："不孝有二，无后为大。"其实主要讲的就是不结婚或结了婚不愿要孩子的人。没有孩子，断了香火，即标志着家族的衰落，父母和爷爷奶奶能不着急吗？所以你要减轻父母的精神负担，顺其自然，结婚生子。现实生活中就有一部分人，到四五十岁，还不要孩子，这种人真属于另类。虽然这种人有他自己的活法，但却伤害了长辈。这种人能说他孝吗？如果全国人民都像他（她）这样，那国家还有人才可树吗？不说父母生气，国家也是生畏的。尽孝得讲究先急后缓，你还是光棍一条，长辈能安然吗？理想和抱负的大小，决定于孝举的大小，尽忠于国事为"伟孝"，尽忠于家事为"大孝"，尽忠于家国之事为"奇孝"。按照我们自己的理想举事，即是仁孝之人。涉世阶段曰作"事孝"。

暮年阶段，虽说人生进入垂暮之年，或许你已无尽孝的对象，只扮演着被人尽孝的角色，但仍还有尽孝的方式，你可以教育你的儿孙孝你同辈的或长一辈的近亲和远亲，这都是完全可以做到的。比如说，教育让子孙们对家族远近长辈们生活上的关照或精神上的安慰，或积极参加近亲和远亲丧事的吊唁，逢节祭祖等活动。这都是暮年人所要做的孝举，曰"暮孝"。

尽孝应该实际，却莫虚伪。我们村上有一家老两口，生有两男一女，大儿子是经商的，二儿子是种地的，女儿出嫁后做了普通的家庭主妇。有一年他们的母亲患了肺癌大疾，即将离开人世。大儿子在外经商，获知母亲病重，寄回两万元钱让母亲治病，可事实是现在有两百万也难有回天之术，老两口平日的生活甚是艰难，有时向别人借钱度日。大儿子怎么平时不给母亲寄一千元钱呢？就是一百元或两百元也好，可恨的是他母亲去世后他回家奔丧，他向邻里扬言说：“我母亲的病若能治好，我无论花多少钱都要治。”邻居听了他的话，尽是冷笑作罢。因为人家都明白一个道理，明知治不好，你才说这大话，那你母亲活着的时候，向别人借钱度日，你跑到哪里去了？这儿子着实虚伪。二儿子虽说种地没有大的本事，但他平时对老俩口的关照确实尽心尽力，他母亲生前的债务都是他一并偿还的，从他母亲患病到病逝，看病的钱，都是他来想法支付的，床前侍候等一应事务也都是他来撑当。正如邻居所说：“老俩口的二儿子才真是实际。”再说这个女儿，她离娘家也就是一百多公里，至死也未曾与老娘谋面，老娘死后，她奔丧时，她向邻居边哭边说：“这半年来，我也忙得要命，真抽不出一点时间来看我的母亲，早知我母亲走的这么快，我说啥也得来见最后一面。”瞧她哭得着实伤心，说的话似乎顺理成章，但事实是自己没有尽到孝心。要说人生忙，的确忙，每天都有干不完的事，向天再借五百年，还是照样忙，你的事明天还可以干，事实是你的母亲今天已经没有了。我说：“她真够虚伪的”。

孝道是物质生活和精神生活两面顾及的最大体现。单从物质生活上来表现，几年也不见一面，长辈们的心情会舒畅吗？或者单从精神生活上来表现，长辈们的生活困苦不堪，就是你天天围着长辈们转也是无济于事，这样做现实吗？

尽孝是光荣而艰巨的使命，尤其在未来的岁月，将是一个老年人的世界，即尽孝的重担落在了人们的肩头。随着社会的进步，国家的强盛，也许物质生活并不是尽孝的主题，最主要的是老年人精神生活的需求问题，所以需要我们匆匆的脚步，端正的心态，宽容的气度，宽阔的胸襟，灵巧的智慧来完成这一光荣而艰巨的使命。能够以科学进步的人生观，世界观来看待孝道深刻的文化内涵有着极其重大的社会意义。从城市到农村，孝道宗旨是相同的，都希望长辈们过得开心，但不同的文化环境、自然环境、政治、经济环境导致了不同的孝事质量。城市和农村是不能互相攀比的，因为城乡有差别。城市与乡村应各取所长，一切以实际出发才是最好的。互相攀比是不客观的，也是不公正的。只要我们按照自己的城情、乡情、家情、人情充满热情地主动地付之于行动，你的德行将永远闪烁着耀眼的光华……

孝事有如汪洋大海，笔墨此能言尽。你献我一尺，我奉你一丈便是天道；你献我一丈，我未奉一寸便是大逆不道；恪守天道便是人间真道。

——一心百计你为了何事，千事万事谁能忘记家事，以家事而应万事，便是我们的处事之道。

家　事

天下之家浩如天宇繁星之众，小如沧海一粟耳。家为人安居之所、立命之宿，行白昼之馆，国家之小家。

家由男女成年后联姻而建，男女情合生子女；子女成年各自寻找配偶组成另外的家庭，这样代代相传，延泽万代。联姻后的男女称作夫妻，夫妻一阳一阴互为补缺，日夜相守得天地之气，赖阴阳之精合而得后，传承之文明。夫妻以家同居，同锅而食，同床而眠，同志而合，同币所支，同杯而饮，乐之同乐，怨之同怨，苦之同受，福之共享，远双亲而安，近双亲而乐。

家中之事首当其冲有四，一创衣食，二建房舍，三养育儿女，四赡养双亲。完成这几项要事需俱财物所能，否则无所适从。惟财物所聚，别无他法，只能劳力劳心所得。劳力者受人治而得财，劳心者治于人而得财。财者，持家要事而用之，余者，交国家护家之用而为善。

家中求财物者父为首，母为辅，父母求财不得，家中前景惨淡，难以持家，诸事难平，家事不稳，而家不平安，天下乃大痛。

家中还有四事：一是交通工具；二是待亲戚邻朋以及社会各

种应酬；三是积德行善；四是赏阅艺术声乐获取精神食粮。诸事皆以财物舍得。

人常说，家家有本难念的经，其实不怕难念的经，就怕无经可念——无念的经，犹如走在旷野的独行者，可谓凄凉至极。天下家道，古今有异，古者落后，今者进步。古者家制严酷，恪守陈规；君为臣纲，父为子纲，夫为妻纲；今者家制奔放，崇尚自由。我们都会盼望社会富者多，贫者少，否则家道落后则社会落后。

天下之家在历史发展的变迁中，富而转穷，穷而致富，非穷非富者居多。家因战争而破碎，因自然灾害而受损，因疾病夺去生命而悲伤。建家容易而守家难，治好一个家需付出艰辛的努力。治家须勤劳俭朴，德高望重，不奢华，不吸毒，不淫欲，不纵酒，不赌博，衣食花费不致于穷。富而不骄，贵而不傲，有福不可享尽，有势不可使尽，乃旺家之道。

曾记得，我小的时候，我家邻居是一户富裕人家，老俩口生四男三女。老头子生前子女爬满床头，可谓孝矣，但老头子刚刚断气，瞧这四子三女颜色骤变，不是忙着怎么安葬死者，而是争着哄抢家中财物，因分配不均而打斗起来。老母见状便哭着劝架，他们哪管老母之举，则是闹得更甚，以致老母无奈一气之下头撞门框当场气绝身亡。事后，这家弟兄姐妹非但不悔过反结为仇，老死不相往来。好端端的人家就这样散了，令人实在痛心。这是一个真实的故事，从故事中我们可以悟出：家中子女贪财忘义导致败家，子女不贤乃家门之大不幸。

我村上又有一家，着实贫穷，老俩口生有两男两女。这一年大儿子已到22岁，大女儿已到20岁，二儿子已到18岁，小女儿已到16岁。老俩口千辛万苦将孩子们拉扯大，该高兴才是，可这老俩口整日愁云满面，彻夜难眠，缘其何故？原来是这样的，大儿子已到成家年龄，前些时媒婆给大儿子提亲，女方要求条件是，先盖三间新瓦房，再备8888元礼钱，家中电器备齐，才肯结婚过门。媒婆之言可把老俩口吓得不轻，于是老俩口对媒婆说："我家孩子身高树大，精眉俊眼，聪明能干，不愁娶不到媳妇，这门亲事俺不再提了。"媒婆走后，老俩口嘀咕着说："照这样高的条件咱家啥时才能办到，那孩子不得打一辈子光棍。"至此，老俩口因为此事心里像压了一块重重的石头。一天夜里，大儿子见妹妹独自在屋里哭哭啼啼，还以为是出了什么事，进屋便问妹妹缘由，妹妹把父母让她给哥哥换亲的事说给了哥哥，哥哥听后气得七窍生烟，怒气冲冲跑进爹娘屋里，说道："爹，娘，俺打一辈子光棍也不让妹子给俺换亲。"爹娘回话道："傻孩子，咱家穷成这样，哪里有钱盖房，娶媳妇。"儿子扑通跪到父母面前说："我在建筑工地干得不错，一个月下来能挣2000多元，老板说我吃苦能干，马上提拔我当施工队长哩，工地有个女孩对我很好，我们商量好了，先结婚，后盖房子。"老俩口说："傻孩子，现在的女孩可能了，就诓你这老实蛋。"儿子道："她跟别的女孩不同，我相信她。"果然没出一年，儿子和那个女孩简办成婚，一年后盖起了新房。后来，其余三个儿女也各自寻找了出路。大女儿成了裁缝能手，二儿子考上了中师，小女儿自学了电脑，在县城一家打字部谋了要职。可谓子贤家旺过上了幸福的日子。

八年前，我的母亲大去，我回乡奔丧，他们家老少皆忙前忙后，料理琐事着实周至，因为他们明白因我多在外不精农村丧事的规矩。我临走时特地登门拜辞，他们全家人看出我沮丧的样子，对我说了许多宽慰的话，将我一直送到村外乘车远去。我每每思念故乡，不时地想起诸如此类的人家和不若此类的人家。

故事告诉我们一个道理：“治家须有志，守家须有德，家和百业兴，万户皆安然。”

天下家道之事最重要的就是养育子女，养，供给他们衣食，以求身体强健壮大，立了生命之本；育，供给他们受教育的机会，条件优者可专职教育，无条件者，可引导自学求得。有了知识，就会明白许多道理，明白了道理，生活中的事就会迎刃而解，家中诸事不言自平。知识教育不外乎就是三个内容：修志、修术、修德。人无志就没有了方向，人无术就失去了生存的本领，人无德就抹杀了尊严，将会导致人将不仁，或遭世人唾骂，或触法律法，或惶惶不可终日，对己对人均无益处。总之，志、术、德三位一体，缺一不可。

上古至今，从城市到农村，从高原到大海，不论贫富贵贱人人都会热爱自己的家，因为家是男人的安逸所，家是女人的极乐窝，家是生命的哺育站，家是人间之天堂。有一首歌《我想有个家》，其优美动听的歌声传遍了大江南北，长城内外，传遍了世界各地，人类的笑颜和着这歌声弥漫在希望的田野，荡漾在城市的上空，飘过蔚蓝的大海，森林为之跳跃，江河为之奔腾，山川为之雀跃，繁星为之欢呼，日月为之助威，人们为之骄傲、为之自豪！

祝愿天下人都热爱自己的家，保护自己的家，做好家里的每一件事。心存博爱之心，自强不息，创造丰富的物质财富和精神财富，努力建造美好的家园，为国家和社会增光添彩！

——爱国而赴国难，爱家而治家业。国、家能持否？有才德者能持，有志向者能持，忍辱负重者能持，若没有什么，你也得持，毫无选择。

持　家

谈到持家，是人生最基本的一件大事。远古以来，圣人为世人编好了人生履行的程序："修身、齐家、治国、平天下"。这个程序似乎是中华文明的圣训，寄希望于天下人之大志，遵轨道而运行。我们若无治国、平天下的大志，则持家的责任确是推卸不得。

持家的目的是解决或处理家计的诸多问题。世界上有的国家男女成年后，父母让其独立生活，不再负担，至此，为持家而奋斗着。有的国家男女成年后，有独立生活的能力，父母即可以卸任。就我们中国来说，大多数的成年男女，真正持家是婚后开始的，还有的生了儿女，仍没有持家的能力，常常需父母接济。接济是应该的，但立一个借款手续才是合理的。没有规矩难成方圆，依赖的习惯一旦完全成熟，父母的重担即是卸不掉的，年老的养活年轻的，长期下去，累及家庭，危害国家、后患无穷。

人为天地所生，自然有存活之理。我们还是好好修身、掌握生存的本领，以健康之躯报效家庭、报效国家。的确，持家不是一件容易的事，需要付出艰辛的代价。茫茫人海，昼夜不息，皆为谋生而来。

谋生是在社会中选择一种或几种工作付出脑力或体力劳动获得利益回报的过程。劳动所得有两种形态：一种是合法所得，一种是非法所得。非法所得的人大多是明知故犯，存侥幸心理，铤而走险，公安抓着了坐牢或丧命，而公安抓不着就逍遥法外。殊不知法网恢恢，疏而不漏，总有一天会败露的。败露的结果可想而知，到时自身难保，就更谈不上持家了。如果你后悔了，但现实是没有卖后悔药的。一个人犯法对家庭的每个成员来说是备受打击的，这样的情况，对家庭、对社会的危害是极大的。所以我竭力反对，持家谋生的人用非法所得的方式来持家。只有用合法所得的方式持家才是正道，才能够幸福快乐。

持家的本领有大小，本领大的，家庭开支宽裕些；本领小的，家庭开支紧张些。但幸福是同等的，想想看，真是各有利弊。但对社会的贡献是不同的——本领大的对社会贡献大，本领小的对社会贡献相对较小。持家对每个人的要求各尽所能，按劳所得。重点是各尽所能，充分发挥自己的才能，决不能干超出自己能力范围的事，这是不符合客观现实规律的。要想成功，也是要承担很大风险的。当然，人不冒险是难成大事的。事实上，大凡能成功的事，风险是很小的。当你干的时候，捏着一把汗，其实是自己吓自己，大可不必。

持家是一件辛酸而悲壮的事。记得我七八岁的年月，家里吃饭问题是最要紧的事，其他事情根本无暇顾及。我们家共有九口人，除大姐出嫁以外，还剩八口人，两个大人除外，其余都是未成年的孩子，那时农村还没有包产到户，农业还是学着山西大寨，父母大人是没明没夜的挣工分，而我们家劳力少，工分便少，到年底除了每人分到二三十斤粮食，几乎分不到几毛钱，全家八九口人一年才有一百多斤杂粮。到第二年开春，粮食已全部消受净光，只好吃野菜，而野菜吃完再吃野杏叶，可到七月野杏叶也吃不上了。我的母亲烧开了锅，没有下锅的东西，几个孩子用眼睛凝望着母亲那张表情复杂的容颜，母亲始终不敢看我们一眼，只是在灶旁急得团团转。不大一会儿功夫，父亲从门进来满身是土，怀里抱着一只野兔，看着母亲笑笑说道："有救了"。那几天，父亲的运气真不错，每天天亮出去，到天黑也好，总能打些野生回来。后几天，父亲的运气可不佳，总是无精打采的空手回家，我们只好挨饿了。今晚，夜深人静，父亲和母亲不知说了些什么？总之唠叨了大半夜。天刚蒙蒙亮，父亲又出去了，我们期待着他今天有更大的收获。太阳刚出山，我们村的队长送到我家十五斤小米，说是队里用一头驴换了些小米，村里共十二户人家，每户十五斤小米。我的母亲含着热泪，将一小碗小米倒进滚烫的锅里，我们热闹着祈盼父亲归来，一直到天黑透了，还不见父亲的踪影。全村人出动找了一夜，到第二天找到了，抬回了父亲的尸首，据说是上吊自杀的。从那时一直到现在我对父亲的死感到万分惋惜，他要再坚持一天，就一天，哪该多好啊！因为他死后的第二天，对我们村来说发生了一次救命的大事，公社煤矿要我们村的杂木杠，给了队里好多玉米和高粱，让全村人足足可以撑到年底。几年后，党的十一届三中全会在首都北京胜利召开，包产到户的春风吹遍了祖国的大江南北，长城内外。至此，饥饿的问题在中国大地画上了句号。

我父亲的死，是他自己感到持家无望的背景下自寻短见的。我同情他当时的处境，同情他的命运，同情和我父亲有同样遭遇的所有天下百姓，但我还是要严厉的谴责我父亲采取逃避现实的方式来摆脱他的困境。我坚信："天无绝人之路，没有过不去的火焰山。不管遇到什么情况，对未来始终要充满阳光和希望，坚持、坚持再坚持，忍耐、忍耐再忍耐，努力、努力再努力，乐观、乐观再乐观。蝼蚁尚且贪生，何况人乎?"我们持家要学松树的风格，以顽强的意志应对各种不测的处境，泰然处之。以日月星辰，唯我独尊的气概，征服一切。

持家是一种管理家庭的责任和义务。养活儿女、养老人，教育子女等诸多事务都是夫妻风雨同舟义不容辞的责任和义务。处理家庭矛盾纠纷也是持家的一个重要内容。生活所用的财物开支是有了，但是财物使用分配不当，开支不当、情感投入不当，大小琐事不分轻重，造成秩序混乱，失了人心，家庭便不和谐，不安然、不太平；持家的责任和义务失衡，造成许多激变，有的夫妻之间、儿女之间、老人和儿孙之间大打出手，吵闹不休，你争我斗不得安宁。持家要民主的制定适合自家的一套规矩，按规矩行事。建议家庭成员自己给自己制定一些约束的规则。自觉执行，始终如一，社会上有的家庭和和美美、热热闹闹，这就是夫妻持家有方。

持家要讲究礼仪。人常说："礼多人不怪"。没有礼仪的家庭，就是无道的家庭。历史上君、后无道而乱国，家庭无道而败落。清代曾国藩家训有言："内而专静统一，外而整齐严肃，敬之工夫也；出门如见大宾，使民如承大祭，敬之气象也；修己以安百姓，笃恭而天征平，敬之效验也。程子谓上下一于恭敬，则天地自位，万物自育，气无不和，四灵毕至。聪明睿智，皆有此出。……若人无众寡，事无大小，一一恭敬，不得懈慢，则身体强健，又何疑乎？"他讲的礼仪，最主要的是一个"敬"字，要敬万民，敬万物，敬万事，留的一个强健的身体，还怨什么呢？礼仪是家庭文化的集中反映，持家的不同方济，也是做人的不同风格。

持家是创业和守业的故事，故事反映了政治、经济、军事、文化等诸多方面的内容。历史舞台上展示了三种人不同角色的表演。第一种是意气风发、迭宕起伏创业的风雨人生；第二种是风光无限的守业人生；第三种是边创边守的伤感人生。人们往往并不关心这三种人的序幕，着重关心的是最后的谢幕，也就是人生的成败，家国的兴亡，事业的盛衰。三种角色均存在于不同的国度、不同的社会、不同的家庭，不同的文化、不同的性格、不同的志趣、不同的生活态度、不同的胆识，不同的智慧，但都有一个共同点，即是希望实现自己理想的美好未来。创业和守业均无数学公式而演绎，只有把修身之才德奉献于社会，功到垂成。

持家之业乃百家之事，我一家之言难表万事蹉跎，愿持家之人化腐朽为神奇、当痛苦而求乐、窥崎岖为平坦、视眼泪为美酒、吟悲歌为美乐。以持家之业，尽忠于国家。家国诸事皆顾，何言人生不快乎？

——父母做到的你学着做，父母没有做到的你尽力做，父母做错的你来纠正，你没有做好的重新来做。

怎样做一个儿子

父母称自己的男孩为儿子。一个家庭生了儿子似乎是很大的喜事，因为有了儿子是父母的荣幸，是家庭的希望，是家族的荣耀。

儿子在父母心中的位置是可想而知的，如此重要的位置，那么儿子在家庭中的责任和义务也是相应重大的。儿子，既然责任重大，义务繁重，那么做好一个儿子也是不容易的。

天下的男人都是父母的儿子，天下的父母同样都有一颗火热的心，寄儿子希望于未来。在现实生活中，有的人做了儿子便万事大吉，从小吃喝靠父母，穿衣靠父母，长大了照样如此，等结婚生子自己做了父母还如此，浑然一副老爷子的姿态，好像干什么都是父母应该的。不知父母的苦心，也不懂得对父母的孝道，两只明亮的眼睛盯着父母的存折和财产溜溜转，真是聪明过分。这样的儿子哪里有责任义务而言，这样的儿子父母生了岂不自寻烦恼吗？已经生了，那有什么办法，只好忍着。有些儿子还真昧着良心讲道：“我今天的种种举动全赖父母从小教育不好。”朋友，别忘了我今天只谈儿子，不谈父母，你不成器，反倒把责任推得一干二净，着实令人气愤。

有人会问："那你说好儿子应该怎么做呢？"

我这个儿子做得也不够格，只是有点浮浅的体会，勉强向你进言探讨一二，做儿子尽量做到如下几项：

一、修好身

根据家庭环境（政治、经济），按照父母的建议和自己的理想要努力学习，增长知识，获得智慧，树造仁德，热爱劳动，锻炼身体，使自己成为一个德、智、体、勤全面发展的素质较好的人。

二、成人后能自食其力

以自己修身的基础条件以及潜能合法、合理、合情的劳动充分发挥，服务于社会、服务于家庭。独立生存，养家糊口，过富有或平常的生活。

三、能独立娶妻购房

儿子应独自承担娶妻买房的责任。如果你没有这个条件完成这些事情，若是父母资助，就应该给父母做一个欠款手续，将来努力奉还。如果你确实通过奋斗努力奉还了，一可以证明你的能力，二可以充实你的人生，三可以顺从自然。比如，远古时代的地球是一个荒凉的世界，我们的祖先为自己创造了适应生存的环境，如今的环境是经过漫长的岁月人们不断改造而成的，所以下一代的负担较上一代的负担轻了许多，那么你还有什么可抱怨的呢？

四、关爱小的，奉养老的

所谓小的是指你的儿女或弟弟妹妹，所谓老的是指你的父母。尊老爱幼是你的责任和义务，并不是倡导一种精神。小的能培育成人，老的能养老送终。养老送终，不是说父母冻不死、饿不着，死了一葬了事，而是指儿子孝敬父母的过程，既要主动解决父母的生活问题，又要关注生老病死，尤其治病问题，要尽力而为。

五、要有家族观念

儿子本身就是承担着传宗接代的义务，家族观念也是做儿子的一项重要内容。家族内有喜事要到场祝贺，有悲事要到场同悲，有其他事务要尽力帮助，但一定要合法、合情、合理、切莫感情用事，做出过当的行为。家族观念是团结的象征，是力量的源泉，是男儿的英雄本色，是爱国的萌芽情怀。

六、要与众亲邻里和睦共处

要以唯物辩证法的观点处事。唯心主义是要不得的，关键是要除掉自私的祸根，始终把心当作天平来衡量人事。尤其弟兄姐妹关系要处好，不能为了私利，主观的感情用事伤了他们的心，或吵或闹，或大动干戈，这是做儿子的大忌，也是做人的大忌。如果和邻居因为一点鸡毛蒜皮的小事，不忍不让，搞得面红耳赤，有意思吗？人常说："前三十年是看父敬子，后三十年是看子敬父。"要修炼自己良好的德行，凡事无可指摘，弟兄姐妹尊重你，邻里尊重你，别人尊重你，世人对你哪有不敬之理。

七、要做好媳妇的工作

做儿子做不好自己老婆的工作，这可是一件可叹的事。家庭里有好多矛盾就是因为媳妇与公婆争吵而引起轩然大波，令全家不得安宁的。其实女人吗？也是人，有顽固的物，哪有不开化的人。有些父母认为媳妇不通情理，胡搅蛮缠，事实上，不是媳妇不好，而是儿子没做好，或女婿也没做好。做儿子也要做好丈夫，做丈夫要做好男人，做好男人也要做好女婿。人心都是肉长的，家里的事，丈夫提前要和妻子沟通，真沟通不了，要有主见，讲究方法，果断地处理，不能让妻子为难。是男人的事，逃避是不可取的。

八、要有学问，学问不是说你拥有多高的学历，而是说你要有头脑

做事要动脑子思考，要有政治家的眼光，要有经济学家的机智，要有军事家的英明，要有哲学家的睿智，要有诗人的情怀，要有教育家的热诚。处理家庭事务时说话要讲究方式，做事要讲究方法，说话办事最难，马虎不得。少一分没有功效，多一分便增加了烦恼，能正确把握尺度就是最大的学问。

做好一个儿子其实并不难，只要努力做好你应该做的事，就是一个好儿子。做父母的最能容忍儿女，只要儿子讲原则，尽力了，父母就满意了。所做的先交代自己，再去交代父母，若有不当之处，及时悔悟并付诸于行动，不是很好吗？做儿子难吗？其实“不难”。愿天下的儿子们再接再厉，过去好，今天好，明天更好！

——在娘家你是明珠，在婆家你要把婆家、娘家当作明珠，这就是一个民族的好女儿。

怎样做一个女儿

父母称自己的女孩为女儿。有的家庭生有一个女儿，或两个，或多个，有的家庭未生女儿。没有女儿的父母，总想有个女儿。一般的父母都想儿女双全，可有的父母只生有女儿，没有男庚，父母便将女儿当作儿子来养着。有的父母没有儿子而感到落寞，其实大可不必，女儿未必不好。大多数的家庭女儿要比男儿孝敬，但也有少数的女儿做的确实不太好，我希望我们都要做父母的好女儿。

一个家庭生了女儿似乎没有生了儿子那么喜形于色，但很多父母仍视女儿为掌上明珠，疼爱有加。女儿真好，女儿犹如美丽的花朵，永远绽放着春天的气息，为家庭增添了色彩，为父母带来了无尽的快乐。做了女儿就是做了天下的女人，作为女人自知不幸，其实做女人是一件很荣幸的事——有时女人做到的，男人未必能够做得到。

我国古代重男轻女的现象特别严重，就拿教育来说，只教男不教女。譬如祝英台只有女扮男装才能求学，还有女驸马的故事。历经几千年，到民国重男轻女的现象才有所改观，而直到公元一千九百四十九年，新中国成立，男女地位才趋向平等，至今仍然受封建传统观念的影响，女儿在家庭里的地位要比儿子逊色许多，尤其到出嫁以后。这种现象应该说是社会的弊端，但法律规定是男女平等，这种弊端应该彻底根除实为妥当。

天下多数的女儿们默默无闻地履行着她们天性的职责，我为她们那种博大的情怀油然而生敬意！尽管她们没有享受儿子的待遇，但她们对父母的关心和照顾，是尽心尽责，无怨无悔。做一个好女儿要比做一个好儿子难，做好一个女儿应该做到如下几项：

一、修好身

通过学习，锻炼提高自己的综合素质。

二、成人后能自食其力

根据自己所学到的知识和技能，以合法劳动的方式养活自己。出嫁后，不忘父母之恩，不忘家乡故里之情。女儿最重要的是出嫁以后的表现。有的女儿出嫁后，认为脱离父母也能生活，便把父母昔日的恩情忘得一干二净，父母有事总认为与自己无关，找了婆家忘了娘家，对父母花钱上打小算盘，干活上得过且过。更有甚者，总想把娘家的东西统统弄到婆家，不知理的婆家说："我家娶了一个好媳妇。"无奈的娘家，自己的女儿干了丑事，还不敢张扬，只好忍着咽到肚里。还有的女儿，父母病重，床前侍候，不是真心爱自己的父母而是为了父母的存折、遗产，这样的女儿着实令人发指。

三、对父母、亲戚要尽量做到与儿子同样的责任和义务

四、到结婚年龄要早日出嫁

绝不能我行我素，三十好几，老大不小还是孤家寡人，否则，是要惹父母生气的。

五、要有女儿身男儿心的气度

要有大智大勇的风采，努力做到巾帼不让须眉。像唐代武则天、万丈雄心难为尼，建武周帝国，成为历史上唯一的女皇帝，我们虽不能做个武则天，但要有武则天的雄心和气度，成就不同的伟业。

六、女儿不能因为分不到家产而抱怨父母以及诸亲

父母对儿子在经济上、财产上要比对女儿付出的多，虽然不太公平但又是传统的正常的一种观念，这种观念对女儿来说心理上不太平衡，由此产生抱怨。女儿一定要理解这种观念，这种观念是一种大气候，绝非父母偏心，或弟兄们的自私。理解了，便无抱怨可言，这就是一个很好的女儿。

愿天下的女儿们过去好，今天好，明天更好！愿天下父母的掌上明珠，永远闪耀着灿烂的光芒……

——视丈夫为江山，视公婆为大山，视这家里所有的人为亲人、所有的事为己事，因为爱有多大，福有多大。重担千斤是鹅毛，酸甜苦辣是人生，弹指一挥，烟消云散……问世间还有多少无为事？

怎样做一个媳妇

媳妇是男人的妻子，公婆的非血缘关系的女儿，即女人成年结婚后，做了她男人的媳妇，男人父母的女儿。做了媳妇可不比在自己父母身边当女儿那样轻松了，因为媳妇在家庭里扮演着多面的角色。做了这家的新客，直接面对的是丈夫和公婆，间接面对的是丈夫的弟兄姊妹、妯娌或其他亲戚以及邻里、朋友等错综复杂的关系网。想逃避是难以实现的，所以只有融入这个现实的世界，做一个投入的媳妇。

公婆们常说："娶一个好媳妇，胜过生一个好女儿，好女儿将来是人家的好媳妇，好媳妇才是自家的永恒的好女儿。"这话听起来不无道理，比较现实、彻底，堪称至理名言。家家都希望能娶一个好媳妇，好媳妇是她男人的福份，是她男人家里祖辈积淀的盈德。好媳妇是她的言行所表现出来的，并非广告宣传吹出来的。"言行"二字饱含着她们不为人知的家长理短，酸甜苦辣，悲欢离合，桑田沧海，世事艰辛。历代文人很少歌颂好媳妇们的丰功伟绩，倒是批判了不少荡毒之妇。其实，天下绝对好的媳妇确实稀少甚至没有。做好媳妇仅仅不荡毒是远远不够的，因为做一个相对称职的媳妇是不容易做到的。如果能做到如下基本的几项你便是一个比较优秀的媳妇：

一、热爱体贴自己的丈夫

把丈夫作为自己的另一半，尊重丈夫等于尊重自己，体贴丈夫等于爱护自己。丈夫出门知冷暖，丈夫回到家中给空间。夫妻间真正的热爱体贴是同甘苦共患难，同悲同乐，同喜同忧，取长补短，商商量量，互助互帮，排忧解难，促膝相谈。丈夫遇到挫折要尽心尽力帮助解决，决不能置之不理，逃之夭夭。

二、有理有德举事

做媳妇最讲究的是以理服人，切忌无理取闹，时时处处找事，唯恐家庭不乱，不管别人的感受，只顾自己逍遥。德行更是做媳妇的高贵品质，以善良明洁而树德，以淡泊私利而行走。贪婪刻薄是造成家庭矛盾的祸根，该是自己的总会给你留着，不是自己的强取豪夺是愚蠢的行为。

三、能明断是非

好多媳妇听了别人的闲话便大动干戈，不能明断是非，冷静的处理问题，感情用事。而能明断是非，需要智慧和学问以及涵养，所以增长智慧、掌握学问、树立涵养是媳妇们的必行之道。

四、孝敬公婆

公婆是丈夫的骨肉亲情，也是自己的再生父母，而孝敬公婆是充满智慧的表现，也是对自己有益的事——一可以让公婆善待自己；二可以使丈夫诚服并能更愉快地孝敬双方的父母；三可以作为教育自己孩子孝心的方式；四可以使这个家庭变得愈加和睦；五可以使自己身心愉快保持青春活力；六可以积德健康长寿。当然，媳妇孝敬公婆有益无益均是理所应当的事，我们能明白有益，就会乐观的、主动的、甘心情愿的举事，这样是最好的。

五、要有忍耐心

生活在一个大家庭和小家庭，难免要发生一些大小不愉快的事，或公婆、或丈夫、或妯娌、或孩子、或弟兄姊妹、或亲戚、或邻里。他们或出言不逊，或办事不妥，或遇到挫折，等等琐事自己看不惯，或听起来刺耳，一定要学会忍耐，过后与他们进行单独沟通。若不能沟通，应做冷处理，过一阵子再说，也许他们会主动向你认错。具有忍耐心是媳妇保持良好修养的最大体现。

六、要整洁明快

女人应该干净利落，穿衣打扮，由里到外，从上到下一派明快大方的气度，让人看着感觉舒服。媳妇不管年龄大小，长相怎样，衣服贵贱，只要大方整洁同样是美的。家里或工作单位，或院舍皆应收拾得干干净净，这当然不仅仅是要媳妇做的，但媳妇必须有这种意识和习惯，否则，不但自己感觉不舒服，别人在背后说：“那是一个懒散的不讲究卫生的女人”。其实女人的美，长相漂亮是微不足道的，追求仪表美、心灵美、环境美才是真正的美。而做一个真正美的女人，才是一个真美的媳妇。

七、要讲究礼仪

一般家里的应酬事务，大底是由媳妇们来安排的。这项工作是极其重要的，相当于一个国家的外交事务。搞不好外交，会影响一个国家的健康发展，搞不好家庭的外交应酬也会影响家庭与外界的正常往来，势必将会阻碍家庭的健康发展。礼尚往来是我们中华民族优良的文化传统，做媳妇对人要有礼貌，办事要讲究情理，语言交流、应酬事务、方方面面都应恰到好处。待人接物，语言表达要和缓、表情要亲切自然。应酬亲朋好友小气不得，大方不得，远近厚薄必须心中有数，一定要掌握度，该礼重的必须出手大方，该礼轻的适可而止，否则让人家会对你有看法，产生误会。

八、须坚强豁达

媳妇们在复杂的家庭生活环境中，常遇不快之事而生气，若不能坚强面对，非得气出病来不可。媳妇们会说："我们也觉得生气不好，可有些事是非生气不可的，别人劝是没有用的。"如果别人不劝你，你独自生闷气也是没有用的。一时生气，这是正常的生理反应，难以控制，那么，长时间生气可不是正常的表现，是你精神意志脆弱的表现。久而久之，重压心头，活生生一个林黛玉的忧容，这样下去食少事烦岂能久乎！保持坚强豁达的心态既爱护自己，又照顾了别人，不失为一个聪明睿智的媳妇。

做好媳妇，有许多要做的事，有许多要说的话，我一时难以述尽。由于家家情况不同，个人情况不同，做媳妇也不是要求尽善尽美，只要多想、愿做，抓住重点，切中要害，有条不紊，无愧于自己、无愧于他人就是一个很好的媳妇。

——身为娇客不必骄，情似大海无短长。

儿女成双谁赐予，岳父岳母万代恩。

千头万绪不必论，胸怀宽广好男儿。

试问娇妻何所为，还有几许愿君思。

怎样做一个女婿

一个家庭里称女儿的配偶为“女婿”，俗称“姑爷”。我国封建社会，皇家女儿的配偶称“驸马千岁”。皇家也好，民间也好，女婿似乎是一个家庭中百里挑一的“娇客”，特殊的身份扮演了家庭中特殊的角色。

我们知道，媳妇和女婿均是同一家庭里的外姓儿女，尽管是同等的关系，但在这个家庭里的责任和待遇是有差异的。相同的是媳妇和女婿都应该履行赡养老人的责任，不同的是享受家庭财产有所不同。媳妇是主人，女婿是娇客。就继承遗产的情况来看，一般是传给儿子，儿子不在了传给媳妇，媳妇不在了传给孙子，没有儿子只好传给女儿，女婿是不能沾边的。虽说没有红头文件来法定，似乎又是合情合理的家法。当然，万事皆有例外。如果儿子和媳妇不孝，女儿女婿孝顺，老爷子一怒之下，堵气要把家产传给女儿。这样的情形，女儿和女婿必须能够做到对父母养老送终，一一办理清当才符合条件，或有遗嘱作为凭据，否则，假使你得了家产，一旦被儿子或媳妇告上法庭，非但得不到任何遗产还将落个声名狼藉的下场。有人说："媳妇不好，永远是自家人，女婿再好终将是外人。"这话媳妇听了不言自娱，女婿听了无言难堪。如此这般模样，难道天下做女婿的万般深情就是为了岳父岳母的家产吗？难道就是为了博得美名吗？女婿们所行的一切的好，是因为女婿们有一种亲情理念，有一种自觉的责任，有一种人间真爱，有一种男儿宽阔的胸怀，有一种顾大局、识大体的可贵精神。

在现实生活中，我相信多数女婿是很好的，不攀不比，任劳任怨。也有些女婿常报有这样的心态：老婆让怎么做就怎么做。在表面看来，这是不错的表现，但是，在我看来，这样的心态只能行小道而不能通大道，可能会出现或过或缺的现象。老婆要求过了，很难做到，老婆考虑欠缺，显得自己不懂大理，甚至有的老婆对自己的亲身父母根本就没有孝心，挡驾了老公的孝心，必然会导致女儿不女儿、女婿不女婿的不良局面。我们必须弄清女婿不仅仅是一个女婿，更是一位堂堂正正的男人。尽管岳父岳母不是自己的生身父母，老婆说的不好，做的欠妥，一个大男人决不能随波逐流蒙混过关，要以大局出发，避小道而行大道，做一个通大理醒诸事的女婿。这样说来，无愧于自己，无愧于妻子，无愧于儿女，无愧于岳父岳母，无愧于世人。俗话说的好："生一个好儿子不如娶一个好媳妇，生一个好女儿不如得一个好女婿。"这话虽算不上至理名言，但也称得上是哲学精华。

我们做女婿的，不必说岳父母对你如何，也不必说妻子对家庭的贡献多大，更不必说你的条件如何，只管埋头做你的好女婿就是了。

那么，怎样做一个好女婿呢？

首先，女婿要爱自己的妻子，然后爱妻子的父母，爱妻子的兄弟姐妹，爱妻子之所爱之亲。这里的爱不是一句空话，而是要有爱的具体表现。凡大小事务力所能及，帮人所难，助人所需，急人所急，想人所想，时常交流，精心安慰，亲切的就像亲生儿子。

其次，要有孝心、孝举、孝顺之念，把岳父岳母当自己的亲生父母来奉养、奉侍，把妻子的兄弟姐妹当作自己的兄弟姐妹来看待。对妻子的诸亲不讲大话，说话办事诚诚实实，坦坦荡荡，有一是一、有二是二，待人接物要有礼有节，同时也要做到见官亲不卑，遇富亲不亢，视贫亲不鄙，与诸亲相处，重情而不贪利，待亲而不图名，而且要对岳父母双亲侍死如侍生，受恩终身犹记，岳父母将来大去之后要时常怀念，定时祭拜。

第三、要遵循女婿文化理念作导向，努力做一个有素质、有品味的女婿。女婿文化一般注重礼仪学、道德学、亲情学、和谐学、忍耐学，是中国传统优秀文化之一，虽不能规范化系统化的面面俱到，但总该八九不离十吧。

我们知道，做人尚且不能完美，做女婿当然也不能求全。以上三则仅供探讨与生活的教案相比差之甚远，我们只要尽心了、尽力了，就是一个好女婿。因个人的经济条件、文化修养、工作性质不同，决不能一概而论。各是各的做法，各是各的想法，各是各的活法，不管你想了多少，做了多少，做女婿的基本套路还是要有的。俗话说的好："脚大脚小不能走了样"，怎么做必须是情愿的，强扭的瓜不甜，自然的东西才是最美的。别人说你是一位称职的女婿无所谓，自己感觉良好，你的妻子、岳父岳母、妻兄妻弟妻姐妹认可你才是最有权威的。人家的夸赞和你实际所为进行对照，确实是那么回事，的确不愧为一个好女婿。

好的继续发扬，没有做到的逐步完善，来不及改变的待你的后人去完成。为营造一个和睦体面的家庭氛围而不懈努力，是天下所有女婿们应尽的家庭责任和社会责任。

——“打虎亲兄弟，上阵父子兵”。扶危济困情义重，手足岂能论高低。

手足之情

我们知道，手和足是人身体上的两个重要的部件。手是生来劳动的，足是生来走道的。没有手无法劳动，没有足难以行走。手足的密切配合可谓得体自然，而我们习惯把兄弟姐妹之间的情分比作手足之情。兄弟姐妹尽管有自然的不可分割的情分，但现实生活中兄弟姐妹真正能够做到和睦相处也不是一件容易的事。兄弟姐妹之间能自然的、亲切的、无私的患难与共，富贵相乐，这对一个家庭来说不失为一件美事。

兄弟姐妹之间的不和睦来自于矛盾，矛盾来自于生活中形形色色的事件或言语冲突。历史上，皇家的兄弟们为了争储或利益，手足相残；民间的兄弟们为了遗产、赡养父母或私心太重，办事说话有过激行为等事情而发生矛盾冲突。当今社会，政治制度的变革，家天下的封建制度已彻底消亡，兄弟争储的现象不复存在，为此兄弟手足相残的事件，很少传闻。尽管那些事件不再重演，与我们也毫无关系，但是人性的美丑和善恶我们必须懂得。善美的东西我们应该借鉴，丑恶的东西我们应该深深地思考，绝不能为了达到自己的目的而把历史上丑恶的事例作为自己运筹帷幄的良师，做一些于兄弟姐妹们不利的事情。以史为镜，照自己美的自悦而爱已，照自己丑的自弃而爱已。手足相残的现象在民间是很少的，但要说绝对没有也是不客观的。有人说，只要做到手足不相残，就是维护了兄弟姐妹的情分。持这种观点的人实在是未免有点薄情了吧。一个家庭犹如一个国家，大小事务多如牛毛。一个国家，天下兴亡匹夫有责，何况还是自己的家庭之事，能袖手旁观吗？兄弟姐妹们能心平气和，各尽所能，团结友爱办好家里的或大家的每一件事务才是不忘手足之情的高尚德行，才是一个家庭蓬勃发展的基础，才是一个社会、一个国家繁荣昌盛的根本。

无论，哪一个家庭的兄弟姐妹之间不愿团结友爱和睦相处呢？关键是有些人有些话不知该怎么说为好？有些人有些事不知怎么做为好？或者懂得，是让私心和贪欲占据了灵魂，忘记了自己所扮演的角色。总的来说，兄弟姐妹们在相处过程中需要具备一些基本的素质，有了基本的素质，才能把握方向，才能晓之以理，动之以情，行之有效。所要具备的基本素质大致归纳如下几条：一是时常想着兄弟姐妹；二是要互相尊重，不能目中无人；三是要有志气（遇到困难自己能克服的尽量少麻烦兄弟姐妹）；四是不嫌贫妒富（兄弟姐妹贫了不笑，富了不嫉妒眼红，要诚心的祝福）；五是不非理争权夺利；六是不占小便宜，经济往来清晰明了，不搞糊涂账；七是借钱物要急时偿还；八是出资出力主动孝养双亲；九是要互助互爱（富的看顾贫的，急其所急，力所能及）；十是要有家族观念。在现实生活中，兄弟姐妹之间的相处不仅仅此十则，还有许许多多需要具备的优秀品质和良好的德行。人无完人，如果你大体上做到了，即使有一点不妥之处，兄弟姐妹们都会谅解的。怕就怕你说过头的话，吃过头的饭，做过头的事，瞒天过海，屡犯不改，我行我素。具备了基本的素质和修养，大家就明白话该怎么说，饭该怎么吃，事该怎么做了。具备这些素质与有没有文化无多大关系，只要你有心可以看人家好的兄弟姐妹关系所行的一些范例，可以学，可以自己体会，可以自己捉摸，可以向别人请教，可以拿出自己的良心，想一想你的兄或弟或姐或妹是怎么对你的，对你好，你也对人家好，对你做的不好，不妨你对人家好一点，看看人家是什么态度，这样，我想，你们都会好的。

曾经我们村里发生了一则故事，今天我讲给大家听听。有一位张姓的老大娘病故，享年七十五岁。她生前膝下有三男二女，长子叫明理，次子叫明清，三子叫明白；长女叫明英，次女叫明慧。村里的本家长者主持，召集张老大娘的三男二女开了个家庭会议。会议的主题是“张老大娘的丧事安排”。长者说：“老人的棺材钱、订响器钱、亲朋待客钱、用人钱、纸房钱，等等琐碎钱，加到一起总计 10000 元，三个儿子每人拿出 3000 元，剩余 1000 元，两个女儿每人拿出 500 元。”长者话音刚落，大儿子明理对长者说：“我只拿 1000 元，理由是我不分家产。”二儿子明清接着也对长者说：“我分二间房子，拿 3000 元。”然后两个女儿齐声表态向长者说：“该我们摊的钱，一分不少。”长者一合计 10000 元只有 5000 元有了着落，正在犯难，三儿子明白向长者说：“高叔，剩下的 5000 元一分不少我拿，家产我也不分。”长者听完冷笑了一声："张嫂子，不值呀，不值。"不辞而别。大家听了这个故事，便知一二。三儿两女各表真心，各俱情态，各尽其孝，得出一个结论："大儿子无情寡义，二儿子尖酸刻薄，三儿子憨厚大度，两女儿照章纳税。"俗话说："人有千千万，个个各不同。"行礼不在贫富，做人不在贵贱，没有高山，何显平地？我说："明理无理，明清不清，明白就是明白"。兄长要有兄长的风度，否则弟弟还怎么与你行走呢？姐妹们也不能照章纳税，要顾全大局，自己照章纳税了不一定事就办妥了，事办不好照样难脱干系，你说是吗？

兄弟姐妹们的矛盾家家如此，有的由于孝敬父母之事而不和，有的是因家产分争而不和，有的因双亲的丧事而不和，有的因不帮不助自私而不和，有的或兄或弟或姐或妹遇难不管而失和，有的因借钱物不还而失和，有的因双亲患病不闻不问而失和，有的因口舌过激而失和等等，林林总总诸事均影响兄弟姐妹们之间的感情。若能以亲情为基础，大爱为导向，团结为动力，大度无私为节躁，天下手足之情将永放光芒……

——千呼万唤出迷宫，知错改错人上人。

做一个悔悟改错的人

世间本没有完美的人，高尚的人一生过失少一点，小一点，低级趣味的人一生过失多一点、大一点，而我们若做不了高尚的人，也绝不能做低级趣味的人，至少我们一定要努力不留太多的遗憾于人间而追悔莫及。可以说，这是我们大家共同希望的追求。然而，有些人犯了许多过失，却不认为，或者自知是过失，却终不思悔改，将个人至高无上的哲学经典怀抱终身，把别人的良言劝告，驳得头头是道，别人又能说些什么呢？只好无奈的冷笑几许罢了。可叹的是，当你懂得悔恨曾经所犯过的过失时，你却即将离开人世，这只能永远悔恨了，没有改过的机会了，你的悔恨的事实留给他人作了教训也算是一点贡献，也只好如此罢了。

人，一般所犯的过失会触犯两道防线：一是违法犯罪防线，二是道德防线。社会生活中，少部分人既触犯法律防线又触犯道德防线；还有一部分人只触犯道德防线；还有一部分人认为：只要不违法犯罪就满足了。违法犯罪的过失，大家都很明白，造成的诸多后果，给社会、他人以及家庭留下了永久不可愈合的创伤，其危害之大，不言而喻。人总不能一错再错，不为自己，至少为他人考虑一点也是应该的，你犯了罪受到国法的惩治，给父母、妻子、儿女、弟兄、姐妹、朋友、同事带来的伤痛和苦难不亚于你服刑的煎熬。人能知错改错，重新做一个身心健康的人，堪称“姗姗来迟的盛宴”。能用心的品尝这来之不易的盛宴，是你人生又一次光彩的开端。

在社会生活中，道德准则是衡量一个人善恶美丑的天平——人性的美丑在道德的世界里表现的淋漓尽致。我们通常把人们美的行为定格为正确的表现，丑的行为定格为错误的表现。现实生活中就有一些人不知美丑做了丧失道德的不光彩的事。有人身为儿女对父母不孝甚而虐待，一个老人能养一群孩子，一群孩子养不了一个老娘；有人对家人说假话，说大话，说空话；有人欺亲骗友；有人说东家扯西家，从中挑拨离间，唯恐天下不乱；有人背叛妻子或丈夫，拈花惹草；有人在公共场合喝酒闹事；有人故意泄漏别人的隐私偷偷取乐；有人驾车在大街上横冲直闯；有人随地吐痰破坏公共环境；有人与老人和小孩争抢座位；有人轻视穷人而飞扬跋扈；有人深夜喧闹取乐影响邻居休息。诸多不道德行为均是发生在我们中间的诸多错误，我们若能悔悟改过便是一个尚好的人。

人们往往讨厌的是知错而不思悔改的人。如果你不能改，一定要让儿女去改，儿女不能改，一定要让子孙去改，这样做尽管是慢了许多，至少能挽救一个畸形的家族。知错能改对一个人的成长发展是至关重要的。如果你保持知错的良好心态，别人则认为你是一个有希望的人，那么你的人脉就会更加宽广一些，否则，如何缔造自己和谐稳固的生存空间呢?

历史告诉我们，固执狂妄的人是没有前途的。历史上许多皇帝因知错而不改，最后断了自己的性命不说，导致国破家亡的悲剧。皇帝是这样、大臣是这样、平民也是这样，那这个国家是一个多么可怕的国家。人非圣贤，孰能无过，犯了过失及时纠正，危害是极小的，等到几十年过去，返回来去改，一来时过境迁，二来过失太多，你又如何去改，三则即使改了一点也是毫无意义的。有些过失确是无法改正的，比如，你曾经对父母不孝，当你觉醒时，父母已经早已离世，你纵有七心八窍也是无济于事，所以我们最好不犯过失，或者尽量少犯过失，犯了过失及时纠正是上上策。

一个人成长的过程，便是犯错改错的过程。犯的少，改的好、改的妥便是我们理想的人生准则。有学问的人是先知错，无知的人是先做错。我们在日常生活中要多学多问多听多看积累丰富的经验，增长有益的学问，努力做一个真善美的人。为了自己、为了家庭、为了社会、为了国家做一个高尚的人，做一个有趣味的人，做一个有价值的人，做一个人们热爱的人，做一个世间有用的人，绝不做一个让人讨厌而无趣的人。

——身无病而百岁，心无病而千载。病不治而无智，病早治而无悔。

谈治病

人为什么要患病？医学家剖析得很透彻，不便多说。我们一般人不太关心致病的原因，特别关注的是患病后如何治疗的问题。在我们生活的周围，就有一些人无论大小病治病的观念着实不太理想，小病扛，大病拖，到病入膏肓还在梦中，这是多么可怕的事实。我今天和大家谈谈治病就是要调整我们治病的观念，讨论一些健康的理念。

世界赋予人的一切是那么的丰盛，那么的美好，所以，人活着是幸运的事。人活着日日都留恋着你生活所处的自然环境，留恋着你周围的亲人，朋友，同事，等等与你有关系的人，总之，一句话“热恋着人与自然”。一个人恋着许多人，反过来许多人恋着你一人。假如你被病魔夺去生命，有多少人为你悲伤，痛苦，思念。所以说，请你不要自私，你的生命不仅属于你自己，还属于所有疼爱你的人。人活着就是背负着重大责任而来的，也许你不会明白，也许你已经懂得珍惜自己的生命就是博爱精神重要的体现。

我想对你们说，小病不能忽视，大病一经发现应及时治疗，不能久拖不治。有人或者没钱治疗，有人或者没时间治疗，我劝诚大家趁早抓紧治疗，也许花不了多少钱就可以康复，等到有钱了再去治疗，或许会错过最佳治疗的时段。这个道理当然我们都会明白，但就是由于顾及了整日事务的繁忙忽略了治病的头等大事，这可不是尚好的现象。

俗话说“蝼蚁尚且贪生，何况人乎？治病最笨的办法就是得病了才去治，最科学的治病方法要求人们有超前的治病意识，超前治疗实际就是防患于未然，怎么预防呢？保健的方式很多，比如锻炼、保暖、按摩、服保健食品，等等，还比如调节情绪，保持好心情。如果你觉得这几天身体不太舒服，不妨停止几天事务处理，专心干两样事，一是吃饭，二是睡觉，很奏效的。而如果你身体不舒服，还继续拼命的工作，吃不好，睡不好，电话接二连三，不得病才怪呢？

人常说：“食少、事烦岂能久乎？”

治病还有一种方法叫做精神疗法，实际是超凡脱俗法。比如信奉宗教，高智慧的教义净化人们的心灵，排除杂念。对世俗生活不过分贪恋，以教义为导向对个人的人生理想重新布局，追求一种凡人难以捉摸的崇高理想，且不说所谓的崇高理想能否实现，信了教的忠实信徒，除去了心中的杂念，淡漠了世俗尘埃，心情舒畅了，压力减小了，精神境界提高了，患病几率也就会减少。我们不能因为防病而脱离现实生活专搞一些异端出来，败坏凡人的人生总则。去除杂念，减轻精神负担，不一定非得去一味的强迫自己信奉宗教，我们可以吸取宗教的理念进行养生。信奉宗教的和不信宗教的人，生活理念、人生理想、对事理的解释是有很大分歧的。宗教者，淡化了人的主观能动性，唯心至上，胜败有凭，凭的是道。凡人者淡漠幻想，崇尚现实，成败有凭，凭的是合乎情理。

治病不仅要早治，更重要的是要怎么治？去哪里治？让何人来治？

有人得了病，不去医院，而是找江湖术士搞一个偏方，或搞一些巫术，结果呢？越治越重，小病变大病，大病变成不治之症，这些做法是绝对不可取的。

有人患病，找的医院与病症不对口，医院为了骗钱，今天说这，明天说那，忽悠的患者找不着北，结果呢？医院受了益，患者没了命，找谁去说理呢？

有人患病，求助的医生与病症要求的技术含量有差距，患者不明白，医生自不量力，硬撑着充老大，本来这位患者的病及时治疗是可以治愈的，可硬是让那位充老大的医生给耽搁了，这叫治不死，拖死，你已签了字找谁说理呢？起诉到法院，法院说证据不足，一句话结束了你昭雪的美梦，多么可怜。

治病是人生的一件大事，忽视不得，马虎不得。治病观念不仅仅是患者自己，患者的亲人、朋友、同事更应该建议和帮助患者早日走出阴霾，生活中往往是“当局者迷，旁观者清，”清楚的说服糊涂的，人间大爱无疆……

——明智之人钱侍人，愚顽之人人侍钱。钱侍人者看透了钱，人侍钱者侮辱了人。要做金钱的主人，绝不做金钱的奴隶。

论 钱

钱是人们在社会生活中用来购买商品和办理事务流通的货币。钱的用途其实大家都知道。有人说：“金钱不是万能的，没有钱是万万不能的。”这句话的含义是：钱能作为货币流通时是重要的，在不能流通时是不重要的。

世界上有三种人对钱有分别不同的举动。第一种人不怕死，就怕没有钱，第二种人怕死不怕没有钱，第三种人既怕死又怕没有钱。大家看看自己是属于哪种人，我想最多的应该是第三种人，因为第三种人的举动合乎情理也符合现实。第一种人似乎反常，命已没了，还要钱干什么？第二种人，不是富人家庭就是官僚家庭的无为儿女，或者是非常时期的非常之人。人们对钱的不同认识和理解反映了个人人生观的正确与否，认识理解的正确，你永远是金钱的主人，反之，你将会是金钱的奴隶和囚徒。

曾经有一位外国的名人对金钱做过这样一段精彩的演说：“啊，你可爱的凶手，帝王逃不过你的掌握，亲生的父子会被你离间！你灿烂的奸夫，淫污了纯洁的婚床！你勇敢的战神！你永远年轻的韶秀，永远被爱恋的娇美的情郎，你的羞颜可以融化狄安娜女神膝上的冰雪！你有形的神明，你会使冰炭化为胶漆，仇敌相互亲吻！”他用微妙、含蓄、形象、高超的艺术语言描绘了金钱在社会生活舞台上尽情的丑态表演，充分显示了金钱的无比威力，确实肯定了某一特定社会阶段的现象，揭示了金钱在人们心中的反面本质。但仅仅是反映了金钱反面的丑态，然而，金钱的伟大之处是可以让人人感到无比的震撼——通过钱的媒介作用延续了人类生命的存在和欲望的成全，功在千秋，这就是金钱重要的伟大之处，是人们向往和崇拜的内在本质。

懂得了这些道理，我们应该明白如何来获取金钱？如何来支配金钱？这是我们要研究的重要的两大课题。得到金钱的办法不外乎有两种途径：一种途径是体力劳动，一种途径是脑力劳动。体力劳动以不同形式付出力量而自然获得，而体力劳动以两种形态取得，一种是正常所得，一种是非正常所得。正常所得就是合法、合理、合情的回报。脑力劳动如同体力劳动一定要以正常所得。

有人会问：这两种劳动都付出了，仍没有得到应有的回报，这又是为什么呢？这个现象也是社会中存在的一个不公平的形态，这个现象如果普遍存在的话，那不是天下大乱了吗？我想这个现象毕竟是少数的，少数不等于没有。比如，农民耕地，突然遇到了天灾，颗粒无收，这不是一年的劳碌白干了吗？当然，自然的东西人力所为有时是徒劳的。那明年农民还种不种地呢？我想仍然会像去年一样艰苦劳作，因为人总有同样的信念，寄希望于未来，过去的已经过去，好与坏今天一笔勾销，明天才是最好的。所以，农民们会祈告上天还他们一个公道，争取明年获得好收成，于是上帝下了罪已诏，还天下百姓一个公道，结果第二年真的获得了好收成，还了公道。千载春秋，大地盎然履行着各自的天道，循环往复。那么说，我们必须谴责那些人家给你干了活不给人家回报的人，上天尚且能守其道，何况人乎？一个人的口碑如何？在金钱面前谁也无法抵赖。有人说，我看事不看人，其实他（她）最终还是看人，一般在一起共过事，打过钱的交道，用河南人的话说，这个人中不中就明白了。中与不中，不是用甜言蜜语唱出来的，是在打“钱”的交道中称出来的。

人常说：钱是好东西，花在哪里哪里好，这话说的我赞成，用钱包装了自己，用钱维持了家庭，用钱美化了城市，用钱创造了完美的世界，用钱净化了人类的心灵，用钱延续了人的生命，用钱满足了人们的欲望，用钱抹去了忧愁，用钱抚平了创伤，用钱拉近了情感的距离，用钱增加了人类的智慧，用钱创造了一切一切的奇迹。

还有人抱怨：钱不是好东西，正如那位名人说的那些社会丑态，你的抱怨，我可以理解，但言钱不是好东西我不赞成。其实那些抱怨不是因为钱，而是由于个人的人生观和道德观出了问题。有一个孩子哭喊：我的父亲因为抢银行而送了命，钱，真是凶手，这是法制观和人生观出了问题，钱不是凶手，而自己才是真正的凶手；有一个妇女急呼：我的丈夫因为有了钱到处寻欢作乐，最后把我一脚蹬了，啊，可恨的金钱，她的丈夫是道德观出现了问题，并非金钱所致；有一个丈夫叹息：我的妻子当了老板有了钱后，嫌弃我无能，把我给甩了，都是钱惹得祸，不是钱惹得祸，是他妻子的人生观出现了病变。

我呼吁：孩子的父亲，妻子的老公，丈夫的妻子一定要把握正确的法制观、道德观、人生观。不能为金钱所困，因金钱所迷，被金钱所乱。

俗话说的好："君子爱财取之有道"，谈到挣钱可是人生的一大难题。谁都知道，"穷居闹市无人问，富在深山有远亲"，反映的是世态炎凉，世态炎凉是正常而不是非常。想想看，天下有一个公理："是救急不救穷"。因为你是穷而不是急，穷一辈子谁还肯帮你，帮你又有什么意义呢？你是残疾还是小孩。那人虽处深山可是有钱没处花，闹市的穷急之人当然要去深山拜访他，能帮就帮，帮不了也是事出有因，况且拜访之人也不是长住深山赖着不走。我想大家也不必满肚子唠叨，要改变炎凉，只有一个办法，设法劳动脱贫就是了，都有钱了，大家聚在一起，美酒羔羊，谈天说地，古今中外，岂不美哉。

有人会问：那你胡吹了半天，怎么能挣到钱呢？老实说，我也没有挣钱的技巧，但我懂得挣钱的门道。只要合法的、合情的、合理的劳动就能挣到钱，至于挣多少，看你有多大志，吃多大苦。干多大事挣多大的钱，投多大的资亏多少的钱。干好了，再更好的干，挣更多的钱。干不好了，重新再来赚回亏本，边干边赚。挣钱要合法，不合法命都没了还能活吗？坐牢了还有机会挣钱吗？挣钱要合情，不合情你注定要失败，因为不具备条件。挣钱要合理，不合理，钱道不通空费心机，徒劳无益。

唐代大诗人李白言："天生我才必有用，千金散尽还复来。"

这是一种洒脱飘逸的花钱理论。还有人说："不会花钱就不会挣钱"。不管怎么说，我觉得花钱，的确是挣钱的前提，有钱没钱不在于你挣钱多少，而是在于你花钱多少。钱是货币，是购买商品或办理事务通行的媒介，只要将货币周转开，通行了，今天你花的钱不管怎么合法来的，就是你的钱。世界上有好多富翁，不管他（她）在各大银行拥有多少钱，那只是一个数字，只有在他有生之年花的钱才是属于他（她）的钱，剩余的都与他（她）没有多大关系。

花钱对每个人来说都有他（她）的目的意义所在。花钱不仅仅反映生存的一面，而还反映了个人的政治行为，经济意识，人格魅力，志趣爱好，道德水准，事业成败。如果钱花对了，可名垂千古，富可敌国，蒸蒸日上，反之则遗臭万年，倾家荡产，每况愈下。有的人花钱做了恶事，有的人花钱做了善事；有的人花钱可取义成仁，有的人花钱则身败名裂。花钱对每个人来说责任重大，意义深远。

总之，钱乃身外之物，多一点有多一份的负担，少一点有少一份的好处，不多不少是没有的，多的不要傲气，少的不要气馁。一个人的钱有多少是多，有多少是少，很难说清。

多少就在人们的心中，不卑不亢，平平静静，知足者常乐，生命的存在高于一切。

——你欠了人家的要铭记还掉，人家欠了你的不必舍命追讨。

谈欠债

欠债是人们在社会生活和家庭生活中发生的一种普遍现象。这个现象是人类社会由来已久的，今天消除了，明天还会产生，只要活着参与一切生活活动是无法避免的。欠债似乎是一件很不光彩的事情，人人都不愿将这种事情凌驾于自己身上，但人在江湖，身不由己。欠债固然并不光彩，但是不光彩绝不能说是不应该有的，事实是社会生活中普遍存在的事。既然普遍存在，应该是无可非议的。欠债既然无可指责，但还债和无能还债或不愿还债的问题是值得我们深思的，而因欠债造成的精神压力和困扰也是值得我们探讨的。需要我们特别重视你对债务的认识、理解及面对所欠对象的处理态度。

欠债的对象或银行或单位或个人，或银行、单位、个人均欠。有的人欠债的对象较多，有的较少；有的人欠债金额较大，有的较小。其实欠债的多少、大小是根据你个人的偿还能力来说的，如果你偿还能力几乎没有，欠 100 元都承担着很大的压力和困惑。有偿还能力的人，无论欠多少，也不是要紧的事。最要命的是你只有 1 万元的偿还能力，却到处欠了人家几十万甚至几百万的债务，且不说你欠款的原因，或借来的，或从银行贷来的，事实是欠下了无能偿还的巨债。

大家对欠债有一个共同意见："欠债还钱，古今之公理。"意见是对的，无可厚非，但对于执行意见的人来说可就复杂了。那就看他（她）们对意见的态度。有的人为了还债四处奔波，省吃俭用，深怕人家在背后说三道四，深怕自己失了信用，违背自己的人生格言，进而断了后路，以至影响前程。孔子曰："人无信而不立"，一个人如果没有了信用，真是一件可悲可叹的事。道理谁都会讲，现实中就复杂的多了。人都想讲信用，可是欠人家这个几万，那个几十万，还有邻居的几千，但自己的收入一年才不足 2 万，不吃不喝用来全部还债，也只是杯水车薪，那怎么办呢？有的人于是冷静的合计，主动求人家债主宽限时日，自己拼命地找项目挣大钱早日还债，尽早去掉压在心头的巨石。可是，债主不管你，人家谁知道你能否挣到钱，于是苦苦相逼。面对种种压力的你，不卑不亢，对债主好言相劝，甚至做些感化债主的益事，一边痛下决心挣钱，实现自己的诺言。有的人面对债主的冷言恶语，不是冷静的处理而是不依不饶，倒找理由，说些过激的不敬人情的歪理邪说，最后干脆逃之夭夭，以致有家不能归，食不甘味，夜不能寐，整日生活在恐惧之中。最后，老婆也跑了，孩子也丢了，落得个身败名裂的下场。债还是没跑，总归得还，这又是何苦呢？有的人面对沉重的债务铤而走险，不是盗就是抢，结果呢？坐了大狱。有的人面对巨额债务，走向极端，感觉生活绝望，逃避现实一死了之，这样造成的恶果更为严重，债务扔给家人自己也赔上了性命，到头来还落了个坏名声，真是愚味透顶。

人一定要想开，面对困境要泰然处之，分得轻重。人的能量是无限的，人的一生可以挣好多的钱，只要你去想，去奋斗，去努力，一定会完成使命的。如果你能欠债几百万、几千万说明你是一个有能力的人，一定能挣回几百万、几千万甚至上亿资产。要树立自信心，相信自己，还人家债主一个公道，重新站起来，扬起风帆，到达光明的彼岸……

欠债是人生一件痛苦的事，面对痛苦，我们要想办法解除痛苦，化痛苦为力量，正视债主，正视自己的人生。既不能犯法，也不能逃避，更不能轻生，要浩然面对现实，做一个伟岸的强者、英雄、君子、好人。

——玉帝天宫，金碧辉煌应有尽有，屈指算来，还差一个挠耳的金匙，于是命太上老君作法变来，太上老君无能复旨，玉帝大怒："快向如来佛祖借来"。这么说来，人间借贷也是在所难免。

借　钱

借钱是人们日常生活中经常出现的一件不可避免的为难之事。借钱这件事，人人自觉颇为不妙，向别人求借，确实难以启齿，但又觉得不去求借，眼下过不了难关。于是内心痛苦的下定决心，编造一些自觉巧妙的词语，向自己选定的目标发起攻势，求借自己需要的款项。借人家或几元，或几十元，或几百元，或几千元，或几万元，或几十万元，或几百万元甚至上千万。无论借到了多少钱，无论求了多少客户，若借到了钱，便觉大为畅快，心中的郁闷顿消，能吃可口的饭、睡安稳的觉，今天又是一个艳阳天。伤心的是求了许多人，当初挖空心思，热情洋溢的作了无数精彩的演说，尽然没有一人买账，分文未予借得，甚至听到了不少的冷言讽语。借到钱，快乐也好；没借到钱，伤心也好；我们一定要保持冷静的态度来面对。借到了，借了多少？没借来，为什么没借来？这是我们需要考虑的重点。借钱，一定要保持良好的心态，因为借钱的事原本就是没有把握的事。如果借到了你就兴高采烈，没借到你就产生无尽的抱怨，持这种心态是你人生失败的开始。为什么这样讲呢？借了人家的钱，你便自满骄横，不思图报，不以低调的行为树德而控制自己，反而好像有一种应该必须帮你的心态来悠然自得。没有借到钱，不找原因所在，满腹唠叨，对人家背后狼烟四起，不思进取，不考虑对方的感受，骂骂咧咧，对人家怀恨在心，甚至伺机报复，这是一种自私而不明智的表现。

人生的成长发展需要自己具有科学的、智慧的、大度的良好心态作导向来克服重重困难，面对现实的环境选择人生健康的发展道路，才是正确的科学的合理的人生观。

借钱者，或个人，或单位，或国家，每每遇到经济上的困难，自己不能克服，总要想办法向别人求救，完全符合货币流通转换的客观规律，是名正言顺的良策。我们如何能明白懂得借钱的用途、动机、理念、心态这是至关重要的。

纵观借钱者的角色真是千姿百态，异彩纷呈。如果借钱的用途不规，动机不纯，理念无道，心态不端的云云贤士最好不借的为妥。

首先，如果说，你借钱的用途是赌博、狎妓、雇佣杀手、吸毒、诈骗等违法犯罪活动，将借来的钱使用了，只能给自己、他人和社会带来不安定因素，恶上加恶，罪上加罪，造成百害而无一利的不良局面。借给你钱的人也间接的参与了作恶团伙，势必给人家精神上遭受巨大伤害。借钱用途不规，着实是一种无理的无知的要求。

其次，借钱的动机不纯，是一种不道德的行为。就有一些人为了借钱编了许多谎言，隐瞒了借钱的用途，借钱的目的，或犯罪，或挥霍，甚至抱有压根儿就没计划偿还的念头。你这样做了，目的达到了，自己快意一时，能逍遥一世吗？结果，你的路堵死了，把人家也坑了，往后还有谁和你称兄道弟，和亲结友呢？

第三，借钱的理念无道，是一种不符合达到借钱条件的不良行为。借钱的本质是自己缺钱用，或没有钱用才去借，而不是自己有或不缺少，甚至不急用就四处去求借；或者不想用自己的钱，迫切希望别人的钱拿来占为己有。也许你认为这是一种尚好的理财观念，但是你不考虑人家的钱自己用不用就专等着你来借吗？心存这种借钱理念的诸位先生或女士，确是毫无人情可言。采取手段将别人的钱据为己有，是一种不道德的行为。借钱的基本条件是你真真实实等着钱用，不借就走不出困境；或者你想办一件事所需的钱，自己的能力未能达到，必须求救他人或单位或国家。借钱必须以高尚道德的文化理念作导向，坚决反对随意性、圈套性、私欲性。借钱还有一个重要的理念就是平时要多铺路。换言之，就是你得养成救济别人的习惯，别人向你求借救急时，你要给人家一个良好的答复。这样你有初一，人家有十五，礼尚往来，这叫做借钱的“道”，也是借钱理念的学问。总之，世界上许多事情说起来容易，做起来难。如果你真的思考了，心态摆正了，明智的、大义的努力做了，成就你的梦想就容易多了。

第四，借钱的心态不端是小人的举动。某一个亲戚，或朋友，或单位，或银行没有借给你钱，你或大骂人家，或找机会报复人家，或自暴自弃，从此闭门谢客一蹶不振。其实，不是人家不借给你，真实的情况是或人家的经济能力达不到你的要求，或人家就是没有钱借给你，或时间紧一时筹措不了，或更重要的就是你自身的软件和硬件不够借钱的条件，甚至你平时根本就没有发展借钱的市场客户。如果借不到钱就应该急时总结经验教训，自力更生，客观地面对现实，奋发图强，端正心态，科学的、理智的调整情绪和改变原来不切实际的构想。

天下本是一个和睦的大家庭，只要你行仁义之举，尊信义之道，拥四海之心，存博爱之意，欲求之事，焉有不成之理，况借钱乎！有人说，借钱要掌握技巧，这是误导，是悖论。借钱是不需要技巧的，大模大样的，堂堂正正的，坦坦诚诚的，自自然然的，求之必得。我们知道，地球上各种动物的父母对孩子的爱还用寻求技巧吗？我想，大可不必，这是爱的自然性。一句话，只要感情基础达到了，条件成熟了，求之一定必得，呼之一定必应。万事归之于天人之道。

——有能力借来，就要不惜代价还去。有借必有还，只借不还，再借万难。

还　钱

前面我已谈了借钱的人和事，今天我想和大家谈谈还钱的人和事。

还钱就是借钱的人怎么来履行偿还债务的事。常言道：不借没有还，若借必有还，只借不还，再借万难。此话说得好，言之有道。

生活中的人都是一个演员，昨天，你扮演的是借钱的角色；今天，你扮演的是还债者的角色；也许你明天依然是双重角色。虽不说你昨天、今天、明天的演技如何？你首先应该听一听，看一看你那个急需要你还钱者的配角的演技是如何的高超和辛苦？他与你配合得真是无可挑剔。

那一年，他借给了你 3 万元钱。今年他的日常生活非常困难，数次欲张口问你要回那 3 万元钱，话到嘴边却又咽了回去，为什么呢？一来他不好意思吐口，碍于面子怕伤了朋友的情分；二来他恐你手头紧；三则他还想逞能硬撑着。结果，他签于上述三个原因，决定去广州打工，讨全家五口人的饭吃。至今，你借人家的钱已有三年。近日倒霉的是他患了重病，急需治病用钱。人家无奈只好向你开口要那 3 万元钱，多一分也未有奢望，可你呢？从通知你到如今已过三月，杳无音讯，石沉大海。且不知你这三月在想什么？干什么？人家病情紧急，用钱数目较多，把家里能卖的都卖了，还差的甚远，无奈他差妻子亲自上门找你求助，可你闻讯后溜之大吉。且不说你眼下的状况如何？你的态度着实可恶、可恨之极！人性何在？道义何在？诺言何在？即使人家撕破脸面起诉法院讨回这笔欠款，可眼下人命关天，又如何能赶趟呢？你真的能逃掉吗？你怎么做是你的事，人家怎么做是人家的事。你这个演员演技可真高，不言不语，尽混了个明星，倒把那个配角弄了个半死不活，到头来仍是一个群众演员。我看你这个明星是混到头了，观众的眼睛是雪亮的。

在我们生活的周围，诸多此类还钱的人和事多如牛毛，个人拿他没法，法院拿他没法，舆论拿他没法。因还钱者无道，搞得人家讨债者家破人亡的事例，列数万千，难尽其冤。以一例，溯万事，若叙多了会让你肠断魂惊，还是不叙的好，省的大家郁闷惆怅……

还钱无道，是世间可恶之人的可恨之事。我希望诸位万万不可做可恨之事，做可恶之人。以还钱之圣道，美化之人生，你若能主动地、及时地、到位地、快乐地、感恩地、侠义地还钱，不失为人中之杰。其实，借钱者都会明白还钱的仁义之道，既然懂得道理就应该做一个明智之人。你若能掌握尽力还钱的理念并且行动起来，就是你人生有所成就的标志。

我建议还钱者要有一些还钱的原则：一是按借钱时承诺的时间内还，二是尽量提前还足，三是尽心尽力还，四是要时常关注人家的状况，五是要给人家适当的报酬的还，六是要急人所急的还，七是要时常保持联系，八是时常抱有感恩的心态，九是要保持圣洁的道德水准不能产生邪念，十是还钱完毕后要与人家有更加友好的姿态展现你的人格魅力。

对讨债者而言，还债者的种种抗拒行为是一件痛苦而惆怅的事。由于还债者的不文明、不道德、不理智、不作为、不仗义给家庭和社会的安定带来了极大的破坏。要想建设一个文明的国度，全社会的人没有一定的还钱文化素质理念是相当困难的。还钱文化其核心也就是人的“信义”二字。君主得民心而得天下，公民得人心而走天下。

奉劝诸君做一个好人，先从还钱功德做起，谨遵天道，可垂千秋基业。

——财穷为小贫，心贫为大穷；无知为中贫，无德为大贫；无情为小穷，无后才是真正的贫穷。

论贫穷

贫穷，乃天下人之大痛也。国家贫穷，国政垂危，民不聊生，受强国的蹂躏与践踏，实为国家之耻辱。百姓贫穷，生活无序，时常沉浸在痛苦、伤心、孤独、寂寞、凄凉、惆怅、胆怯之中。有人因贫穷而闭门不出，有人因贫穷而早生花发，有人因贫穷而流浪街头，有人因贫穷而泪流满面，有人因贫穷而含恨离去……一切的一切伤痛均来自于贫穷。俗话说："茶无叶不如水，人穷不如鬼"，这是多么苍凉的人生境遇。我们面对贫穷，如何认识贫穷，如何摆脱贫穷，是我们全人类共同关注的永恒的主题。

什么是真正的贫穷呢?

一、无饭吃、无衣穿、无房住是为首贫

没有饭吃，就要被饿死，没有衣穿就要被冻死，无房居住就要露宿街头患病而亡。从古自今，吃、穿、住、行四件大事，始终困扰、折磨着人们的身心健康。我们能正视贫穷，是每个人良心的发现。人人能够解决这四件事，就要乐观的大方的体面的，从从容容地活着。贫穷是相对来说的，比上不足比下有余，保持平常的心态。欲望是贫穷的祸根，有诗云："贫穷淡欲人上人，荣华富贵亦为空。”人的欲望不能消除，永远是贫穷的。

人有衣有食就当知足，人家吃酒吃肉，你可以少吃，甚至不吃；人家买轿车你可以坐公交，人家穿名牌衣服，你可以穿便宜的衣服，只要干净、大方得体就是好的；人家搞高档消费，你可以不去消受……当然，我们都盼望自己过得风光无限，过高质量的日常生活，但是自己要寻觅自己别样的活法。只要安然，太平、自由、无灾、无祸就是一个幸福的人。大富有大富的难处，大贵有大贵的风险。想开了，看清了，普通人拥有的富贵，所谓富贵的人是永远沾不了边的，谁贫穷，谁富贵，自有评说。

二、无知识、无德行、无孩子是为首穷

无饭吃、无衣穿、无房住是为真正的贫，则无知识、无德行、无孩子才是彻底的穷。我们知道人无知识而愚拙，无法彰显人的灵性，犹如行尸走肉；人无德行而凶险，无法体现人的灵魂，犹如洪水猛兽；人无孩子而失道，无法体现人的天性，犹如朽木落叶。人无知即无义，人无德即无情，人无子即无趣。无情无义无趣，那你还有什么呢？什么也没有，只有空空的躯壳，着实是人生最悲哀的事。

既然我们认识了贫穷，就应该摆脱贫穷。如何能摆脱贫穷呢？只有付出适合自己的各种劳动，创造财富，方能穷尽一切之事。只有按照人性的规则艰苦的学习、体会增长你的智慧，权立远大的理想，洗涤心中的污秽，为人类一切的美好延泽万代。如果你这样做了，你就是一个充实而富有的人，从此不再贫穷，而那些痛苦、伤感、孤独、寂寞、凄凉、惆怅、胆怯的心境便烟消云散。高调做事，低调做人就是你人生拥有的宝贵的巨大财富。

贫穷是魔鬼，贫穷是罪恶，我们一定会打败它们，因为我们每一个有血有肉的人都是勇敢的战神，前进吧，再前进一步，胜利是我们的，永远是我们的。

——娶一个夫人得一个家，交一个朋友得一座城。交了两个尚友来了一山一水，交了半个疵友引来一祸一难。

论交友

谈到交友，对于我们每个人来说，确是一件极其重要的事。有的人交友幸运而柳暗花明，蒸蒸日上；有的人交友不慎而山重水复，自取其祸。我们交友时都愿望交一些有益于自己生活的人，或一起做事，或一起旅游，或一起看书娱乐，或一起聊天。感觉在一起非常愉快，所以设法交许多要好的不同阶层、不同性别、不同年龄的朋友。难道谁愿结交一些不三不四的朋友？我相信，没有，而如果有，那一定是臭味相投，自己也是一个不三不四的人。

当然，每一个人在交友之前，无论何人对于自己未来所交的朋友很难作出善与恶、美与丑的判断，而只有在相处过程中、处事实践中才能够得以应证。既然这样，交友也是一种冒险的行为，一种必须敢于冒险的行为。由于我们的日常生活里时时受许多人所包围着、依靠着、面对着，不得不如此而为；否则，必将会孤掌难鸣、无计于施。这样说来，交友是我们每一个人的必行之事，无可推诿之事。

大家知道：在我们孤独的世界里，快乐的氛围里，在我们无助的困惑中、事业的奔波中，有一个或几个甚至成百上千个伟大而永远值得敬爱的、永远值得怀念的人们靠近我们的生活，来驱散寂寞、激起快乐、消除困惑、促成事业是极其必要的。这些人或是亲人，或是同事，或是同学，或是其他的人，总之他们就是我们的朋友。

朋友，在我们的生活中扮演着重要的角色，对个人的成长，学习工作的帮助、人生的幸福起着推波助澜的作用，但是也有少数朋友起着相反的作用。

朋友，按性别来说，有男友，有女友；按类型来说，有童友、学友、职友、事友、战友、玩友、志友、难友等；按性质来说，分益友和非益友。

那么，我们在生活中如何来交友呢?

一、要有原则性、选择性和广泛性

交友的原则性是不交违法乱纪、丧失道德的人，人们常说："近墨者黑，近朱者赤"。也就是说，你所交的朋友是什么样的人，你和你的朋友相处日子久了，你也会变成朋友的模样。人，学好学坏，关键决定于你所处的环境和氛围。人就像河里流动的水，盛在什么容器里就是什么样的形状。晋朝文学家陶渊明曾告诫世人要学莲花的品质："出污泥而不染"。陶渊明先生之所以这样奉劝世人，是因为他害怕有一些人在特定的生存环境下受到感染而做违法乱纪的事，做丧失道德的事，说丧失气节的话而失去了做人的尊严。这种担心不是没有道理的，现实生活中多数人就是"出污泥而染了一身的泥巴"。那么，我们于其不让陶先生担心倒不如不染泥的为好，即使没办法跳出泥坑，至少把握了原则，不与他们交友，不是很好的事吗？

交友的选择性是不交没有益处的朋友，要根据个人的需要而交友才是科学的理念。一个人的精力是有限的，不管交什么样的朋友，都是要用心付出感情、付出财力和气力的。你付出了许多，但很少得到益处，这不是白白浪费了你的心血了吗？这样说，虽然有些刻薄，可是现实生活就是这样的，我们都没有更妥当的理由进行回避。

交友的广泛性是要有原则性的、选择性的涉及范围较大的结交许多朋友。朋友多，是一个人人气发达的标志，也是一个人事业快速成功的保障；朋友多，办事效率高；朋友少，办事效率低，成功率相对较为缓慢。友众而精，就相当于木架上的活性汉字，需之即取，用之即便，信手掂来运用自如。有人会说，我的生活圈就那么大，交不了几个朋友。如果你能穷尽你生活范围之内可交的朋友，这就达到巅峰了。毛泽东同志说过："团结可以团结一切的力量"，就简明地道出了深刻的交友哲学思想。

二、交友要有诚信和奉献精神

奉献精神是交友的基本素质，没有勇于奉献的行动来做铺垫则很难交到朋友的，哪一个人愿意和一个自私的小气的人交为朋友？即使是父母、兄弟姐妹与你打交道也会"退避三舍"。男朋友有男朋友的交法，女朋友有女朋友的交法。所有的男女朋友都是在不同时段、不同场合、不同地城、不同背景、不同环境、不同需要的情况下有缘而赴约的。既然与人家赴约而结交为朋友，你必须拿出你的诚信和奉献精神。且不说你的朋友如何？首先自己要有一套代表个性特色的交友理论，善待你的朋友。譬如，孩童交友也有他们特定的童心交友规则，人家和你一起玩，常常给你吃的，玩的，即使你家庭困难一些也该用不同的方式作出友好的表示才妥；否则，时间长了，人家会讨厌你、反感你。一个孩子总想吃人家给的东西，要人家的玩具，你的童友回家和父母讲了你的行为，他的父母就会教化他不与你玩，这样，很好的童友伙伴不就要散了吗？小孩交友的规则是这样，成年人的交友方式更为复杂，要求更高，而自私、钻营、索取的心态是绝不可取的。

三、交友要有爱而热切的心肠

交朋友的根基是真诚的爱朋友，以热切的心肠表现你的行为。要跟你的朋友谈一些知心的话儿，帮助朋友排忧解难，始终不能忘记乐于助人的高尚品德。曾经有一位朋友和我讲了一则很小的故事：有一天下班了，发现她的自行车坏了无法骑车回家，她想乘她的同事的便车回家，她的同事拒绝了她的想法，便溜之大吉。其实，她步行回家也不是大不了的事，但作为一个职友这样冷漠，未免有点太过分了吧，听说她们平日相互之间也没有什么矛盾。由此可见，小中见大，侧中窥正是不无道理的。

据说曾经有两位一起在监狱里住了两年的难友。在监狱里，他病了人家照顾他，他被人打了人家来安慰他，他干不完的活人家帮助他，他吃不饱，人家家里捎来东西给他吃，种种举动可谓关怀备至。他们出狱后，有一次人家家里修房子，让他帮忙干一两天活，可他或说没时间或说不会干，或这或那，推三阻四托词找借口，总之就是不愿去。你看他这样的难友能对得起人家吗？他这是什么难友，简直是忘恩负义的小人。现实生活中不凡其例。当然好的朋友千千万，那你尽说些不好的望能改正，是何道理？我想，好的朋友没有必要说给大家，说一些不好的望能改正，大有益处。战友、志友大家较为熟知，留给大家在生活周围捕捉吧，做得好的朋友永远留在人间会闪闪发光的。

四、交异性朋友要按照底线原则来相处

一般来说，同性朋友和异性朋友的相处方式是没有太大区别的，但有一点是有差异的——同性朋友之间相处起来坦诚豁达，而与异性朋友相处起来较为含蓄和微妙；同性朋友之间的相处较为普通，通常相处的条件是永恒的利益、永恒的感情和志趣爱好，而与异性朋友相处较为复杂一些，通常的特点是有永恒的利益，不一定有永恒的感情，若有永恒的感情，那就是以另外一种角色出现了，将会引起家庭、社会非议的。异性之间若有了感情，就会产生性欲望和性要求，双方一旦进入感情世界，是很难把握尺度的，任你有巧言利舌，一谈到感情是难以说清的。所以异性朋友之间只能有着共同的利益和相同的志趣以及友情。异性朋友若谈感情，就会升级为具有永恒利益的志同道合的夫妻或情人。

五、要交有益于自己的朋友

我们知道，朋友有两种，一种是有益的，一种是非益的，交友是有目的性的行为，益友又分两种，一种是以利益为目的，一种是以娱乐为目的。非益友又分两种，一种是故意设计害你的，一种是同谋而害了自己的。益友往往德才兼备，是不必用心防范的，只要相处时间长了，即可深交，一生的益处是取之不尽的。非益友居心叵测，难以把握。往往非益友有一个致命的弱点，他们善于用甜言蜜语来伪装自己，有用时，视你为再生父母，无用时，总找不着他的踪影。交友不在远近，真正的好友，即使在天涯海角，也是无碍的，这叫“君子之交淡如水”。故意设计害你的朋友是稀少的，因为朋友害你之前，朋友关系已经不存在了。只有同谋而害了自己的朋友才是存在的，因为同谋时你已经明白你们合谋办一件坏事，所以叫朋友害了朋友，最终还是画了等号。

六、与亲人共事时要以朋友的姿态来相处

亲人是你自己自然的朋友，亲人和你的关系是以亲作友，而父母、兄弟姐妹、夫妻是如此，其他亲人亦如此。与亲人的相处态度要保持一来二往的处事原则，互相帮助，互相爱护，有不解的事要多沟通，来来往往齐道真情，同样履行着朋友的道行。要知道，炒菜的产子一头热，亲生骨肉也心寒。

七、交友不能受国家、阶级政党、地位、老幼的限制

历史上许多民主人士就和共产党人交了朋友，国民党人士和共产党人交了朋友。如民主人士章士钊、柳亚子、陈嘉庚、傅仪等就与共产党人交了好朋友；国民党人士蔡元培、宋庆龄、冯玉祥、张治中、傅作义、李宗仁、卫立煌、程潜、张学良、汪精卫等等就与某些共产党人交了好朋友；还有美国记者斯诺、苏联的斯大林等许多政界、商界要人与中国人交了朋友。年长的与年幼的志趣相投交了朋友，这叫“忘年交”，现实生活中有许多其人趣事。交友，有时由敌化为友，有时由友化为敌，是根据不同的意志而转移的。

交友的规则，不仅仅是我谈的几点粗浅的个人看法，交朋友还有许多方面的内容，在生活中真是数不胜数。交友是参与社会生活和家庭生活的一门大的学问——交友，小则可改变一个人的人生，大则可兴国兴家。交友，如同一杯甘醇的美酒，耐人寻味，又像是雨后的彩，美幻绝伦，也像是寒冬的艳阳温暖人间，又似大海上的一叶风帆助你乘风破浪。

亲爱的朋友们，愿我们用热情而奔放的号角吹响那诱人的乐章，震撼世界吧！

——钱就是天，胆大包天敢玩天？当着命，赌了钱，玩了天，革了命，咎由自取。

玩钱者必受钱所弄

今天重点讲的是那些玩钱的赌徒。赌博的形式花样百出，不管你玩的怎样精彩，怎么说也是不靠谱的，即使赢了一点，那是侥幸。赌友们，你赢我，我赢你，今天在他（她）这里，明天在他（她）那里，转来转去，流走的是美好的时光和当初圣洁的灵魂，得到的是负债累累，家破人亡，更有甚者穷凶极恶，走上犯罪道路。细想："你玩的是钱，钱玩的是你"。玩来玩去，玩火自焚，仔细掂量，何必自讨苦吃呢？

人生的美好年华是有限的，你正值青年或壮年，沉迷于灯红酒绿，人声嘈杂，阳光明媚的地球的一角，消磨的是意志，打发的是寸寸光阴，得到的结果是满腹痛苦，伤痕累累，满眼寒光，满身杀气，满脑邪念，满手肮脏。可是你依然兴高采烈的手舞足蹈的玩着你可爱的宝贝——金钱。你的妻子气疯了，你仍然在玩你的钱；你的孩子没钱治病，奄奄一息，你仍然将家里仅存的几百元救命钱拿去玩；你的母亲已故无钱安葬，你用给老母买棺材的钱去尽兴地玩；你的儿子考上大学没钱交学费，你把房子卖掉全部折腾干净。你这是何等高尚的情操和耐力？人无情，莫过如此。在你的心中还有什么可念的东西呢？我看没有，只有玩钱，如此可怕的人性还能再继续吗？

无论你多大，是男还是女，玩够没玩够，该轮到钱来玩你了，你当然不服，试看钱是怎么来愚弄你的。有一个朋友高息借给他50万元，让他玩，他面对这个朋友，长跪不起，呼爹喊娘，感激涕零，犹如再生祖宗，顶礼膜拜，出尽风头。而他怀揣这50万元，一秒不停地跑去赌场，一夜输了个精光。第二天，借给他钱的那位朋友，带了一帮弟兄堵住了他家的大门，拿出清单让他一看，连本带利欠下人家80万元，他吓得惊慌失措，连连叩头如捣蒜，人家哪管他的丑态，立即把他的老婆孩子赶了出去，以他的房子抵债，还不够；又把他的车子、猪子、狗子、鸡子卷了个溜光，还不够；他左冲右突，想留住他的猪子、狗子、鸡子，人家不容分说，举刀砍下他三个指头抵了30万元了事，扬长而去……他独自又表演了一番，哭爹喊娘。爹娘哪里还在，早让他气到了阴间，还能应声吗？而他还不悔悟，看到孩子老婆站在一旁声泪俱下，他又邪念重生，将老婆孩子一并贩卖，作为赌资。于是又即刻跑到赌场，一刻钟不到又输了个溜光，他眼看山穷水尽，万念俱灰，走投无路，羞愤难当跳河自尽作罢，尸骨无人找寻，也许早已漂到了太平洋。而这就是他可耻、可恨、可悲而又可怜的下场。钱把他玩得彻底，玩得壮烈，玩得精彩！

有人会说，你胡扯，天底下哪有这样的人？我说有，你不信，还真有。我是把众人的罪过让他一人独自表演，你看行吗？虽不合情但也合理，因我的水墨不多，不愿牵扯那么多人，浪费我的水墨，再说，他的罪过最甚，我故意封他个高官，当个代表，你说过分吗？

我也相信，天底下确有因果报应之说。你玩人家多大，人家玩你多狠，这不是很公平吗？人贵在自知之明，世上条条大道任你行，偏偏行这个不归道，如来佛祖也拿你没法，救不得你，何况如来佛祖也不会救你这样的无意无情、无德无志、无才无理、无用之人。

现实生活中，玩钱的人不仅仅是赌博一类，许许多多不良的习气和作风将钱财大肆挥霍，同样如同赌博之恶习，必将自取灭亡……

牢牢记住：你玩钱玩得火爆，钱玩你玩得“热闹”惨烈，这个热闹我们还胆敢领教吗？

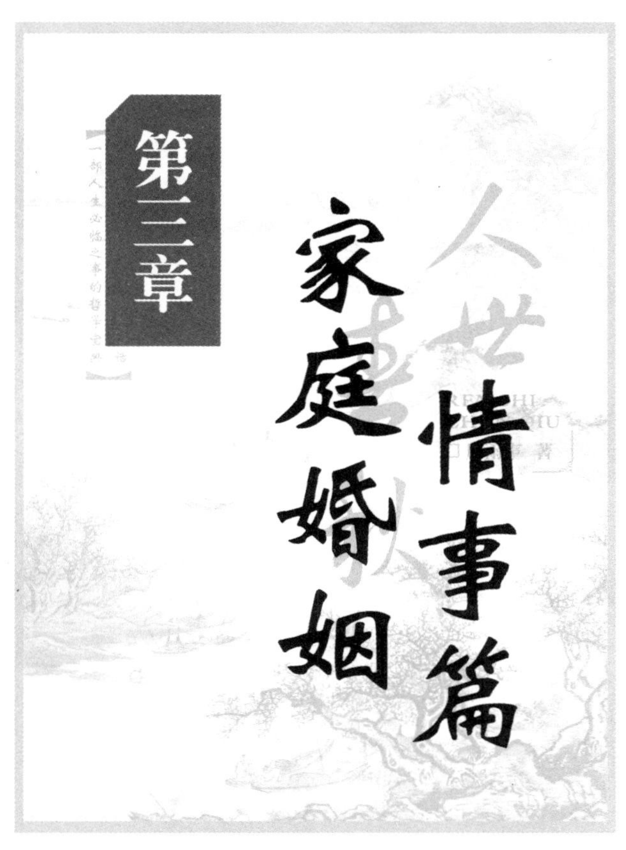

第三章

家庭婚姻情事篇

——她爱你，你就用心用情专一的爱她。你觉得她爱你不够，你试着满满的爱她……

怎样做一位好丈夫

也许多数男人婚前朝思暮想盼望遇到一位漂亮贤惠、温柔善良、干净利落、勤俭持家的女人做自己的妻子，婚后总是盘算着如何做一位好父亲，往往忽略思虑怎么做一位好丈夫。

对于一个女人来说，从长大了的那日起，便梦想将来能寻觅一位值得信赖可靠、体贴入微、理解自己的男人成为自己的终身伴侣，备感是一生的幸福和荣耀。

有人这样认为：男人做不好父亲是失败的开始，做不好丈夫是走在失败的途中，一事无成是彻底的失败。持这样的看法，确实有几分道理。男人就应该既要有所作为又要有责任心和爱心。不管你官做多大，文化多高，家资多么富有，还是一贫如洗的文盲，如果你不能够诚心诚意、刻骨铭心的爱自己朝夕相伴、志同道合、心心相印的妻子，那么你一定是一个贫穷而孤独的男人，一个永远得不到幸福生活的男人。

那么，怎么做一个好丈夫呢？

其实，天下的男人都会懂得如何去做。做不好丈夫，或者压根就没有去想，或者想了却不肯去做。既然这样，丈夫就应该在百忙之中抽空想一想，然后付诸于行动，不是很好吗？

我今天归纳了几个方面需要大家去想，并且能用心用情去实实在在的做到，如果真是这样，那实在太好了。

一、对妻子要绝对忠诚

在情感方面忠心专一，行动方面要诚实守信。如果一个丈夫在家红旗不倒，在外彩旗飘飘，那么怀疑你一定是一位花心的丈夫。男人花心，花的是金钱，花的是感情，花的是时光，花的是精神，花的是青春，花的是良心……身为丈夫用心不真，用情不专，何为好丈夫，眼下悬崖勒马还有明天，否则堪称真正的孤家寡人。

二、对家庭要有责任感

家庭是一个整体，每一个家庭成员的身心健康，生活用度，做丈夫的应该是第一责任人。能主动带动妻子来履行一切的事务，这样妻子的负担减轻了，压力减小了，才能够过上无忧无虑的、快乐的、享受家庭的天伦之乐的日子。妻子打心眼里感激你、殷亲你、敬仰你、认可你，而且她一定会大胆地向世人夸口——我的丈夫真伟大。

三、对妻子要有激情浪漫、快乐无比的两性生活

两性生活不仅仅局限于和谐的性生活，最重要的是常与妻子进行心灵的对话，纵情的营造出美好的二人世界。

四、要把妻子作为自己的知心朋友

对别人能说的不能说的话，对妻子统统可以尽情的倾诉。苦的、乐的不管她接受也好，不接受也好，你只管坦诚相见地去做，就是一位坦荡的好丈夫。当然有时候，特别痛心的事，怕妻子听了担忧，你可以埋藏在心底，独自承担，也不失为一个好丈夫。闲暇时，不妨尽兴地胡侃一阵子大山，天上地下，国内国外，邻里单位，大事小情均可，迭迭宕宕……

五、要关注妻子的健康状况

丈夫时常要留意观察妻子的近况，心理上是否有难言之隐？生理上是否哪里出了毛病？心理上有问题要及时沟通，身体上有病要及时带妻子到医院咨询大夫。不管是哪里出了问题，要主动关心爱护妻子。一般妇女都有两个同病，一怕拖累他人，二怕花钱，硬扛着。了解了妻子这些病症，就应该撕掉她的面子，竭力想办法来改变她的观念。妻子打心眼里会为自己感到自豪：瞧，我的丈夫多好。

六、为了家庭的生计而不懈努力

一个男人不为家庭的生计而辛劳算不得伟丈夫。如果妻子整日为你的事业进取心而揪心，那么你一定是一位不重视劳动的丈夫。丈夫要读懂男人的使命才有资格让妻子称你丈夫。挂丈夫的“牌照”容易，做丈夫的“生意”着实难以经营。生活就像一台厨灶，天天打点油盐酱醋，若不懂油盐酱醋何以纵横天下。

七、做妻子眼中孩子的好父亲

孩子说：“我的父亲是世界上最好的父亲。”由于孩子的偏爱唯心地说了优美的“圣经”，你也会偏爱地毫不含糊地说：“我的孩子是我所见到的最好的孩子。”父子相互恭维，那是别人无法强词夺理的。但事实上，你是不是一位好父亲，不是单凭孩子说了算，发言权还有一个人，那就是你的妻子。当然妻子也不能鸡蛋里面挑骨头，信口发表主观的甚至不公正的言论。如果一个孩子从出生到成家生子的漫长过程中，在精神上、物质上、教育上，父亲能给予孩子的，尽力做到了，一定是尽力了，那么他一定是一位很优秀的父亲。这样的父亲按理说已经是超越了。孩子学业完成了，参加了社会劳动事务，父亲的差使也该交卸了。妻子要求丈夫对孩子的责任或条件若不过分，那么妻子的言论绝对是具有权威性的。妻子说了，你是孩子的好父亲。我相信，你一定是一位好丈夫。

八、做妻子眼中父母的好儿子

妻子眼中父母的好儿子，也就是说你是一位孝子，孝自己的父母，孝妻子的父母，对夫妻双方的父母尽了孝道，确实是一件值得妻子崇拜信服的事。你尽孝心了，显得妻子也明大理；你有风采，妻子有光彩，真是一件两全齐美的盛事。一个女人能找这样的一位贤君，真是莫大的快乐和幸运。毋庸置疑，你是一位好丈夫。

天下的女人都似乎很低调，要问她最想要什么？要钱财，她说不然也；要高官，她说兴趣不大；要儿女，她说不尽然；要帅哥，她说也不是；然后她鼓足勇气爽快地说：我只要一个好丈夫。

人说女人很浪漫，今天我敢说女人最现实。男人娶一个这样现实的老婆不是很浪漫的事吗？男人做一位好丈夫难道不是最现实的事情吗？好丈夫的世界里包罗万象，异彩纷呈，说不尽的表里华章，道不完的动人故事。愿天下已婚的男人现在或将来都成为妻子的好丈夫！

——原来他本不是你的，现在成了你的，也许他永远是你的；你就当作他的亲的都是你的，你要对他说知心的话儿，你要为他做欢心的事儿……你做了不平凡的女人，便做了非凡的妻子。

怎样做一位好妻子

女人婚前渴望自己将来能找一位称心如意的郎君相伴终身，便觉是一生最幸福的事。婚初，妻子总是期待丈夫日日处处对她好，很少思考一个必要考虑的问题："婚后怎样做丈夫的好妻子?"如果你对这一问题考虑及时并且付诸行动，那么你一定会成为一位称职的妻子。如果你的老公常常不能令你满意，你可以做一些举动令他备受感动，进而达到改变他的效果；如果你的种种举动他不以为然，依然我行我素，你应该对你的付出感到无悔，别管他，走自己的路，我相信你一定会得到幸福的。

我们要持守一个真理：他不好，你绝不能学他一切的不好，要努力做一个好妻子，做一个漂亮而美丽的女人。

怎样做一个好妻子呢？以下几个方面需要我们认真地捉摸考虑，也许你与做好妻子的距离将会越来越近，你会有充分的理由把握你的丈夫，你会理直气壮地面对所有的家庭成员，你会坦荡而幸福的生活。

一、与丈夫志同道合，同甘苦共患难

曾经一位外国友人问周恩来：你见过世界上最漂亮的女人

吗？在哪里？周恩来的回答是：在我家里，我的夫人就是世界上最漂亮的女人。外国友人又问周恩来：为什么？周恩来回答道：因为我的夫人邓颖超女士与我志同道合，生死相依，她在我的眼里就是最漂亮的女人。还有我们家喻户晓的孙中山夫人宋庆龄女士，她赞成并支持孙中山先生的革命事业，仰慕孙中山先生，成为历史传奇爱情的一段佳话。宋庆龄、邓颖超堪称中国伟人贤妻中的楷模。我们普通家庭的妻子同样爱丈夫应该爱他的所爱，否则，做一个好妻子是没有基础的，也是不可能称职的。所谓志同道合就是具有共同的理想和追求。这种共同理想和追求贯穿着夫妻二人一脉相承的灵魂，而夫妻双方一旦背离了志同道合的总则，那么夫妻关系的脆弱性便会暴露无疑，丈夫必定会讨厌妻子，妻子一定会排斥丈夫，心灵不能相通，怎能比翼双飞？只有妻子与丈夫在志同道合的前提下才能共同走过有意义的同甘苦共患难的心路历程。

二、对丈夫要绝对的忠诚，绝不能朝三暮四，水性杨花

妻子致命的最大错误就是背叛自己的丈夫，攀贵慕富、贪淫狂荡。女人一旦走向了歧途是难以把握的，走出第一步就会有第二步。有人说，男人的无情是逼出来的，女人的无情是学出来的。女人一般经不起男人的花言巧语和金钱权贵的诱惑。女人如果能断然弃绝种种诱惑，那便是一个了不起的伟大的女性，便却是一个可贵而可爱的妻子。

三、对丈夫要高度信任

一般对丈夫的信任感是很难做到的，因为女人天性多疑，造就了女人歇斯底里的性格，从而对丈夫始终处于怀疑状态。聪明睿智的女人对丈夫很少怀疑，即便明知丈夫说的是假话，也会以假当真来对待，咋看起来，这个女人很傻，可是丈夫打心眼里佩服喜欢，认为他的妻子是天下最有度量、最聪明、最爱他的女人。有时妻子装糊涂便是聪明，有时妻子故作聪明便是愚蠢。做妻子的要学会“开笼放鸟”，切忌“拔草寻蛇”。做妻子的丈夫犯了错误，要大力帮助他改正错误，绝不要大吵大闹，一味强硬的责备丈夫。一旦丈夫感到彻底对你厌烦了，那么你的夫妻关系也就到头了。妻子要有大度的处世哲学观念来造就一个好丈夫。如果你说的话做的事令丈夫十分感动，丈夫一定会百倍的对你好，你要带走他的心，不要拴住他的人。

四、要设法给丈夫独立的空间

妻子有时不懂丈夫的心思，认为日日时时缠住丈夫便是对他的心爱。其实，男人有时烦了、困了、累了需要一个安静独立思考休息的空间。譬如，丈夫有时想安静地看书、学习、思考问题、旅游、睡觉，可妻子偏偏唠叨不休干这干那，陪她怎么怎么，这种做法是不妥的，这样他感觉很累很烦，这样的妻子是不好的。

五、要理解丈夫

有些妻子们在日常生活中拿自己不正确的想法和做法强加给丈夫执行，如果丈夫不从，轻则出口伤人，重则大打出手。建议妻子们一定要换位置思考，绝不能任性，因为任性是魔鬼。譬如有的妻子自己信奉邪教非得让丈夫也信奉邪教，丈夫无可奈何改变你，你倒好，整日翻来覆去劝丈夫这个“教”怎么怎么好，其实不顶饥，不顶渴，自己中邪在那里胡折腾，反倒说丈夫不听话。如果丈夫感兴趣，你说倒也无妨，明明人家不感兴趣，怕伤了你的自尊，忍着耐着，你却埋怨丈夫不爱你。理解才是万岁！理解万岁！夫妻生活中有好多事情别人是无法介入的，也是无法体会的，关键在于理解，谁是谁非，铁证的现实是无法回避的。

六、妻子不能做丈夫的私人侦探

妻子侦察丈夫首先是对丈夫的不尊重，其次是侵犯个人的隐私权。有的妻子偷查丈夫的银行卡，有的妻子偷看丈夫的日记，有的妻子偷翻丈夫的手机短信，有的妻子暗中跟踪丈夫的行踪，有的妻子偷摸丈夫的口袋，这些都是伤感情的不良举动。查出来没问题你好我好大家都好，查出来有问题，对大家都不好，何必要自寻烦恼呢？妻子有妻子的规矩，失了规矩，做一个妻子是不合格的，要让丈夫对你好，不是妻子查出来的，是生活点滴感动出来的。还有的妻子，可笑到什么程度，核实她的丈夫给了他的父母多少钱，多少礼物，有这个必要吗？我们都会说，没有。在我们的现实生活中，妻子的不良举动存在许许多多，我未能一一举出，但是妻子做丈夫的私人侦探是不科学的、不理智的、不合法的。我们做一个好妻子，绝不做丈夫的私人侦探，要做丈夫的私人秘书。

七、对丈夫要体贴恩爱

妻子对丈夫的体贴恩爱虽没有固定的格式和标准，但妻子的淡欲、恬静、温柔、善良、贤惠、爱恋便是打动丈夫灵魂最好的法宝。夫妻两人在现实生活中，主要表现在两个方面，一是关心丈夫的冷暖饥渴、健康情志；二是要保持浪漫的激情，争取主动配合丈夫过和谐的讲究质量的性生活。作为一个妻子无论年龄多大，无论家庭贫富始终对丈夫要有新鲜感，始终心存爱意和情义以及柔情。种种良好的表现是塑造完美夫妻生活的重要因素。爱在心里，记在心里，亲在骨里，不愧为人间娇妻。

八、要勤劳节俭

勤，是指勤快不懒惰；劳，是指有技巧的充满热情的劳动。节俭是指在家庭日常生活中节约俭朴。

勤劳的人大多心灵干净利落，讨厌杂乱无章的生活居所和工作环境，勤劳也是心灵高洁的象征。如果一位家庭妇女不懂得收拾，不讲卫生，屋里灰尘扑面，乱物堆积如山，我想她一定在工作单位也是一位不称职的员工。如果这个女人是那个男人的妻子，那个男人一定会暗地里抱怨自己的妻子是一位懒散的女人。若我说错的话，除非他们夫妻二人臭味相投。勤劳是智慧的象征，勤劳是财富的源泉，勤劳是高尚的美德，勤劳是人格的魅力，而做一个妻子一定要崇拜敬仰勤劳的这种传统德行。

妻子的节俭，并非仅仅是日常生活中的节衣缩食、朴素低调，更重要的是节欲行俭，落落大方。如果一个女人欲望膨胀，无端享乐，再绞尽脑汁节衣宿食也是无益的。在节俭的过程中，一定要讲究消费理念和理财观念。有的妇女在买衣服时，专捡便宜的买了一件又一件，看似当时少花了不少的钱，当把一大堆便宜衣服加起来时，花的钱并不少，但没有一件像样的衣服，于是穿了三天便把它们统统弃在一边，再重复昨天的故事。这难道是节俭吗？倒不如当初买一件像样的货真价实的衣服穿它几载，这样既阔气又省钱。有些妇女化妆品成堆，美容院经常光顾，虚荣心的驱使，浪费了无故的钱财。

节俭就是不做无端的事，不花无用的钱，不发过分的狂。当然，生活中有许许多多享乐的事，也不是妇女就没有享受的权利，只是适可而止，始终要保持清醒的理智的头脑去应对种种诱惑，避免造成一些不必要的花销。

九、要尊重自己的丈夫

作为丈夫的妻子，你若爱他欣赏他，就应该尊重他；若不爱他不欣赏他，至少他是你的丈夫，那么不尊重他就等于看不起他，也相当于不尊重自己。如果你不懂得面子的价值，也不能让自己的丈夫丢掉男人的尊严。

有些妻子或有权，或有钱，或家庭背景好，或自私，或贪心，或粗野，不论何种场合总想有意无意的数落讽刺批评指责自己的丈夫。种种不良行为造成丈夫的不满情绪而无法发泄，久而久之，势必会使夫妻感情产生波动，给家庭带来不安定因素。

有些妻子纵容自己的父母兄弟姐妹，因些鸡毛蒜皮的事当面指责批评谩骂自己的丈夫。丈夫向妻子提出意见，妻子却当下顶了回去，并且理直气壮地说：“他们是关心我，你就是做的不好。”夫妻生活是漫长而复杂的，别人岂能明白体会，别人只是略观现象焉能看到本质。如果一个妻子，夫妻间大事小事便调兵遣将，那成何体统。夫妻间的事尽可能相互沟通，私下独立解决为妥。夫妻间没有不能说的话，吵了闹了还是一家人吗？让别人随意干涉家庭内政是不理智的举动。人常说："床上是夫妻，下床是君子。"互相尊重，互相爱护才是正确的出路。

一家之言难尽天下妻子们的万种风情，生花妙笔难绘天下妻子严谨慎微、战战兢兢、无可奈何的辛酸泪河。也许妻子们报怨自己身为女人，也许妻子们长恨丈夫们的强势特权。报怨也好，长恨也罢；艰辛也好，无奈也罢，你已经做了女人就要热诚的做一个好妻子，营造一生的幸福生活。

——生养了子女，教育了子女，父母完成了两件大事。生养了子女，没有教育好子女，无端地毁了六个人的尊严。两个是儿或女的父母，两个是儿的岳父母或女的公婆，两个是儿或女的夫妻。在自家伤害了那么多人，在社会上不知要有多少人遭殃。这子女教育，关住门似乎平安无事，推开门真是一件了不起的事。

论子女教育

谈到子女教育，是每个家庭中的一件大事。天下所有的父母都有一个最大的心愿，那就是希望自己的儿女长大成才有所建树，成为国家的栋梁，家庭的骄子。父母的心愿是好的，但子女是否能实现父母的心愿是难以预见的。天下的父母们为了实现自己的心愿，必须履行的一件事就是对子女进行教育。一个人的成长，家庭教育是至关重要的。家庭教育，关键是方法和持久性。子女教育的好坏决定于父母自己本身，而子女教育也是一种社会责任。

子女教育的问题我谈几点建议，可供大家参考来共同探讨：

一、分阶段采取不同理念的教育

家庭教育一般分三个阶段，第一阶段是童年教育，第二阶段是少年教育，第三阶段是青年教育。第一阶段的童年教育应注重培养良好的生活学习习惯和引导独立完成自己能够完成的事，但不能让孩子随心所欲。

第二阶段的少年教育，在童年理念教育的基础上增加新的理念。少年是人生最佳的成长期，精力充沛，接受能力较强，新鲜感十足，对事物充满好奇。这一时期是人生的危险期，叛逆心理容易产生。子女教育父母轻重难以把握，不宜轻不宜重，轻者不达效果，重了孩子会铤而走险，做些不可思议的事情。少年教育应注重思想教育，多和孩子沟通，把孩子当做自己的知心朋友来相处，畅所欲言，以友好坦诚和气的心态来与孩子进行交流。对孩子要讲信用，解决实质性的问题。不能光说不做，这样教育孩子的效果是不好的。此外，父母还要做出榜样，让孩子观察你的行为进行辨别，然后才能自觉领悟，这样的方法是最佳的理念。

第三阶段的青年教育比较简单，人生步入青年，逐步成熟，父母不能絮叨，要点到为止。一般父母应告诉孩子一些经验做借鉴，绝不能强迫性的、独裁性的教育孩子。

二、强调求知欲教育

父母要指导孩子学习知识的方法，阐明运用知识的重要性。孩子学习知识是成长的重要途径，知识可以打开孩子的心灵门户，知识可以化解孩子的心结，知识可以武装孩子的头脑，知识可以增长孩子的智慧。求知是一项伟大而繁重的工程，教育缺憾将会导致孩子对求知的淡漠，对孩子的成长发展极为不利，重点是培养孩子对求知的兴趣。

三、强调道德欲教育

一个人的道德水准，包含许多美好的内容。首先是分善恶，辨美丑；其次是尊老爱幼，尊师爱友；再者是行孝而博爱。父母要从孩子小时候就教育他们什么是善事，什么是恶行，什么是美的，什么是丑的，因为他们明白了这些事理，就知道什么应该做，什么不应该做。

尊敬老师热爱朋友更是人生重要的准则，而行孝道是人生的基本原则，不可轻视，因为没有孝道不管你做多大官，拥有多少钱财都是无益的。爱天下所爱的一切的人和事物称为“博爱”，这是人生高尚的自然选择。父母若做了道德的楷模，孩子便是你们的好学生，否则，纵然有巧言利舌也是无效果的。

四、培养孩子独立自主、自力更生的能力

有的父母考虑了儿女还要考虑孙子，一切问题来个大包干，不是养了儿女而是养了宠物。这样的理念和心态，不仅让自己背负了千斤重担，而且让儿女没有事干，碌碌无为，或惹事生非，或虚度年华，或空虚苦闷。正如曹雪芹笔下的贾宝玉“富贵不知乐业，贫穷难耐凄凉。”让孩子能够独立自主，自力更生，既减轻了父母的负担，又造就了儿女的奋发有为，对家族，对社会发扬光大，岂不是美事。父母要按照自身的条件给予孩子帮助即可，哪怕是一句话，并不少，因为有些父母只有一句话，别的什么也没有，这便是给予孩子的宝贵财富。

五、培养孩子爱家爱国的情怀

地球上自有人类社会以来，爱自己的家园，爱自己的国土好像是自然的情怀。爱国爱家是人类最伟大、最壮丽的思想。家族观念、祖国观念是人类发展自身的基础。动物热爱自己的领地，神圣不可侵犯，何况人乎？教育子女热爱家国的情怀是必不可少的重要课题。我国历史上最著名的典型例子是南宋名将岳飞的母亲。传说，岳飞出征前岳母在岳飞背上刺字“精忠报国”，以示儿志。父母教育子女意在精而不在广，广而不专，又有何益。

子女教育是每个家庭中的一项重要事务，任重而道远，日不显功，月不见效，数十年后可见分晓。愿天下父母自寻良策，因材施教，以一言之金，破万石之磊，成就百年之功德。

——俗话说："好女不穿娉喜的衣，好儿不住爹娘的房。"家产争来争去，争的是自己的肉，争的是自己的骨。骨肉相争，伤风败俗。你的就是你的，他的就是他的。凡家产有说理的，没有不说理的；凡家产较贫者照顾一些，较富者让出一些，就当是人道主义援助，又有何妨？有那些争的功夫，做世界霸主不是尚等的事吗？

家产之争

所谓家产，就是社会大家庭中每个小家庭所拥有的财产。每个小家庭中均拥有或多或少的产业，这些产业，每个家庭成员均有享受的权利。由于家庭成员之间享受的权利失衡，导致了家庭成员之间家产纷争之战，而这场战争或速战速决，或旷日持久。由于家庭战争，家庭往日的热闹、繁华、辉煌、光芒便淡然失色，从此笼罩了密布的阴云，而家庭的人气和财气也遭受严重打击。引起战争的原因，家家户户各有不同，但是都有一个共同点就是有产可争，无产的家庭想挣也没有。大家也许忘记了一个重要的问题，家产为什么要采取战争的方式来争取呢？难道就没有别的解决方式了吗？

我国奴隶社会，最大的奴隶主建立国家而王，所有家庭成员给予不同层次的割地封侯，把天下作为自家的财产而给予子孙后代，用一种制度来分割产业，似乎是很公平的。然而就有一些子孙不愿遵守制度，贪得无厌，用不正当的手段掠夺兄弟姐妹该享受的产业，所以导致家产之争之一的因素是“纵欲贪心”所致。还有一些国王对某一个子孙的偏爱，待遇上高于其他的子孙，别的子孙便心怀不满情绪而采取极端的方式维护或争取更多的家产。导致家产之争的另一个因素是：“父母之爱失衡”所致。还有的国王突然驾崩，生前没有来的及对子孙的安排，子孙们便为了政治的、经济的利益，绝情断义，你争我斗，甚至争得血雨腥风，手足相残。导致家产之争的又一个因素是：“子孙失德”所致。一个国家的宫廷产业之争是这样的情态，一个普通百姓家庭的家产之争与宫廷相比几乎大同小异。

随着时代的变迁，社会的进步，家庭家产之争的事件逐步减少，但是打嘴官司的家产之争还是屡见不鲜。这一家庭问题不得不引起我们的关注和深深的思考。

家产纷争看起来是一场维权行动，法律手段争取也好，自然取得也好，用其他手段也好，客观地说，一个家庭如果因为财产而产生纠纷，吵吵闹闹，相互抱怨，诋毁，着实是一场丑剧。

家庭财产一般是父母创造的固定的和流动的产业。这些产业，父母拥有合法的支配权，子女有合法的继承权。子女享有家庭产业的条件是父母生前支配给你的和生后继承给你的。如果父母做了这些完善合理的安排，子女一般是没有什么纠纷的。问题是父母生前生后关于财产的处理对子女未做任何的安排（独生子女除外），对多个子女来说，各自的享有权是模糊不清的。这样就会出现子女们分割财产的争议。

善美的现象是我们所希望、所赞美的，能做到善美，是子女优秀文化和高尚道德的集中反映。具体地说，子女们有良好的家庭观念，有重情淡利的思想，有大爱的灵魂，有团结进取的精神，有尚孝自觉的美德。之所以他们能如此施人之道，是因为他们懂得一句名言深刻的道理。我国清初思想家傅山先生曾这样说："吃自己的饭，流自己的汗，靠天靠地靠祖上都不是好汉。"

丑恶的现象是我们所不愿看到的，将会受到舆论的强烈谴责。丑恶的东西一般都是明知故犯，是丧失道德和人性的特殊表现。家庭中子女们龙争虎斗，明枪暗箭，无情自私的做法与家庭传统文化教育，和个人自身素质有很大关系。历史上，有许多显赫的家庭由于子女们丑恶灵魂的出场而败落。我们提倡万事以和为贵，即使你依法取得了利益，看似合情合理，但是伤了兄弟姐妹们之间的感情，倒不如，你推我让，心平气和，谁困难就多得一点，谁条件好就让一点，有什么不好呢？非要搞得手足成仇，各奔东西，冷冷清清的结果吗？财，人人都爱，但求财要掌握分寸，要识大体，顾大局。死盯住家里的那些东西和兄弟姐妹们论高低，犯得上吗？互帮互爱，和睦相处，群策群力，振兴家族，光宗耀祖，才是子女们应尽的责任和光荣的传统美德。

俗话说："清官难断家务事"，家务事最好别让人家断的为好。当然，社会生活中有家庭、有人就有矛盾和分歧，但矛盾和分歧要用科学的、理智的、大度的、宽容的、无私的、正直的姿态来化解和排除，汲取历史上的诸多教训，不必为家产而争，要为人生的信念和价值而抗争。为家族的发展壮大而奋斗，为社会减少一些污秽而自我追求……

——凡人要懂得：活着的亲要侍生，故去的亲要侍魂。侍生是因为故去的生前用他（她）的魂爱着你，侍魂是因为故去的生后留下的精神永远活在我们心中。丧事就是尊重他（她）的生，敬仰他（她）的魂。今天，你怎样待他（她）们，明天你的后人也会怎样待你们，重视丧事就是重视一种大理，重视大理就是传承一种民族的优秀文化。

谈丧事

丧事是一个人大去之后，生者为死者操办葬礼的一切事务，生者对死者遗体处理的一种文明方式。办理丧事的风俗习惯时代与时代，国家与国家、城市与乡村、家庭与家庭之间均有差异。虽有差异，但对办理丧事的目的和意义基本是一致的。我们中国有一句古话："入土为安"。一般来说，办理丧事有三种意义：一是生者为死者求得安息，二是会让死者亲人的心灵求得些许的慰藉，三是生者对死者的尊重与追念。丧事有两种形式，一种是薄葬，其二是厚葬，还有人说，不厚不薄之葬，但我不赞同这种观点。因为厚葬与薄葬是根据家庭的经济条件和观念相对而言的，所以，只有厚葬之说。

办理丧事的理念和风格随着社会文明程度的进步而进步发展而发展。在我国原始社会时期，自从产生了宗教迷信——灵魂不死的观念，就有了埋葬亲人的习俗。传承了几千年根深蒂固的丧葬风俗，对人们殡葬文化思想影响至深，古人强调老有所养，死有所安，生者对死者的缅怀追念养成了中国传统文化的重要内容。原始人将死者葬与野外，尸体用柴火或石头掩盖，丧期不定，后世圣人易之棺材。到奴隶社会，厚葬之风和迷信活动盛行，除陪葬谷物、饰品、器物外还残酷的把奴隶作为祭品杀掉，作为殉葬品埋葬。在我国封建社会，厚葬之风日益兴盛，始皇嬴政，登基元年，就开始营建陵寝，规模宏大，史无前例。

始皇陵，被列为世界历史文化遗产保护之一，去过始皇陵的人均叹为观止。至此，从贵族到庶民厚葬之风盛行大江南北，长城内外。皇家贵族对遗体的安放既用棺又用椁，修建地宫或地葬陪葬金银珠宝，身穿绫罗绸缎，陪葬人殉，有的陪葬无子女的宫妃，而汉武帝还陪葬太子的母亲勾戈夫人。

明太祖朱元璋驾崩后，将所有宫妃踢死陪葬。皇家陵寝别有风雅，地宫外面，建筑宏伟，石人、石象站立神道两旁，枕山登水，绿树成荫，堪称仙境。大家览过明十三陵便有同感。皇家厚葬显示威严气魄，民间效仿厚葬显示门第富有。

到了民国厚葬之风虽有所抑制，但仍具有浓厚的封建色彩。到新中国成立，废除土葬形式施行火葬制度，厚葬之风才得以扼制。火葬制度施行后，人们受土葬传统思想的影响，对火葬形式难以接受，守法者依法火葬，不守法者偷偷土葬。其实，火葬与土葬只是一种观念问题。要想改变土葬的传统观念，我们必须搞清为什么要火葬？土葬存在的弊端在哪里？我们首先要搞清楚土葬的弊端：一是遗体埋在浅土层，影响环境卫生；二是占用大量耕地；三是制做木棺浪费大量木材；四是遗体骨质日久化为尘土不能永久保存。我们明白了土葬的弊端，再看看火葬的优点。火葬恰恰与土葬弊端相反，但火葬也有一个弊端就是死者的遗体顷刻间就会化为灰烬，致使死者的亲人痛苦未消又添了新伤而备感痛心。但是，我们知道，人死不能复生，顺应大气候也是一种坦然。能为社会做一点贡献对死者也算是一种报答。办理丧事首先依法采取火葬的形式，然后按照地方风俗举行葬礼，切记，不能草率应付葬亲。

我们特别关注的是办理丧事的心态，而当下有几种不良的心态在社会上也是存在的——有的儿女葬父母大办葬礼作为敛财的项目而大办特办；有的儿女葬父母大办是为了排场夸富满足虚荣心；有的儿女葬父母争抢花钱特办是为了争夺父母的遗产而故意做戏；有的儿女对父母生前未尽孝心感到愧疚而把葬礼搞的隆重些，一来平衡一下自己的良心，二来堵街坊邻居的口舌。凡此种种不良的心态形形色色，难列其俱。当然没有不良心态的情况，我们是竭力赞成的，怀有不良心态的葬礼是违反道德节操的，我们非坚决反对不可。人不管干什么事都要诚诚实实，情情真真，尤其办理丧事面对的是自己的亲人，要严肃认真、诚恳。怀有那么多花花肠子是让人极其厌恶的。令你掩盖的多么高明，别人也会看穿！这样，多不好看，以后还怎么做人呢？

办理丧事的步骤从古流传至今，有废除的，有更新的，大家都明白。但有一点我不理解，有的人家葬礼上还请歌舞团跳艳舞，我捉摸了几年，总弄不明白这样做的意义。死者生前不管是高官还是乞丐，既然他（她）宝贵的生命已宣告结束，从此无机会和他（她）所有的亲人、朋友、同事甚至熟悉的山山水水、街头巷尾说一切想说的话，做一切想做的事。我们应该对逝去的亲人或故人感到惋惜而悲伤，怎么能借故取乐呢？

我们提倡“厚养薄葬”的理念，是合情理的。厚养薄葬是理智的、现实的。起码死者生前不管他（她）做过大事也好，做过小事也好，还是大小事均未做成一件，总之，有一点他（她）是感到成功的，生前儿女尽心尽力行了孝的大道，大去之时死而无憾，可谓来的坦荡去的舒心。假如死者生前是“薄养”死后是“厚葬”，对于死者来说，他（她）只知薄养之寒心，却不知“厚葬”之殊荣，那又有何意义和价值呢？所以说，“薄养厚葬”的理念是愚昧的、虚伪的。我们能真正领略其深刻的道理，而又去身体力行便是仁义礼教。你按照“厚养薄葬”的理念做了，一则于自己的良心无愧，二则操守了节俭的风尚，无愧于国家，无愧于家庭，无愧于自己。

办理丧事不仅仅是家庭中一件必须履行的普通之事，而办理丧事的规格、人气、理念、态度反映了一个家庭的兴衰状况，反映了人的道德伦理，文化内涵，反映了一个国家的文明程度。我们能正确看待丧事的严肃性和重要性，是必要的。重视丧事的办理，就是重视人生的价值。自家的丧事如此，邻舍乡亲、朋友同事家的丧事也应该重视，有时间便积极参加，无时间可以去言哀悼。失礼就等于失义，失义就等于失信于天下。俗话说：“人无信而不立”，不立何以苟活……

——看重乡亲就是热爱自己的父母，热爱乡亲就是没有忘记了根本。牢记根本，就是持守了做人的资本。若丢了做人的资本，到哪里找回呢？“得道者多助，失道者寡助”，怎样想，怎样做，任凭你的自由。

乡　亲

乡亲是故乡本土非血缘关系的一种特殊亲戚。乡亲虽不属于血亲的范畴，但远在他乡，乡亲就显得尤为重要。怕就怕人们对乡亲观念的淡泊。不管是高官还是巨富，人人都能具有乡亲观念并以乡亲的礼数来合理关照和融洽相处，不失为一件体面之事。怕就怕我们的眼里没有乡亲，甚至相互递交空头支票。若是这样，的确不是一件好事，的确不是一位热心而高雅的人。

我在外乡确实不懂得乡亲对我的诸多好处，因为我在外乡很少得到乡亲的眷顾。一则由于我没有烦别人的习惯；二则由于我的乡亲在外做官的少，做事的也少；三则，即使遇到一个乡亲也是陌生的，所以我对外乡乡亲的体会颇是粗浅。但我一直惦念着我的乡亲能经常出现在我的面前，因为我谋生之地与故乡相隔千余里。我常常想，如果有一天，我在繁华闹市茫茫人海中穿梭，偶然碰到一个故乡人，那该是一个多好的际遇，哪怕是一个孩子或一个老人皆是一次绝好的机会。我想我会在这个热闹的城市里去一个高档的酒店吃一顿快意的饭，然后，开一个尚好的宾馆让我的乡亲住上几宿和我唠一唠家长理短。然而到如今，二十余年没有一次机会让我这样做一回，依然是空想，依然是白思，我绝不灰心，我绝计等一回……我在故乡明白乡亲对我的诸多好处，我每每回故乡下了车，便有许多乡亲老的少的，男的女的上来和我亲切的搭讪，这个说，到他家吃饭，那个说，到她家喝水，还有说，到他家吃酒，真是亲热的不得了。真真的感觉，确实是回家了，使我格外开心和热乎，见了乡亲真好！

曾经记得有一位朋友和我一起闲聊，他说他的一位乡亲在外做了官，是一个正处级干部，他费了九牛二虎之力终于见着了他那位做官的乡亲，未见时心里做了几则美梦，而见过后，他的桩桩所谓的美梦被击得粉碎。那位乡亲干部瞧他寒酸，于是暗想，亲近他感觉前途渺茫，便冷眼沉色相待，一两句官腔打发了事。我不敢想象他当时是如何尴尬的辞别他的那位乡亲高官的。他与我闲聊时倒是畅快的发了一肚子牢骚，我认真地、同情地倾听了他所诉说的委屈。我耐心地劝他：这不奇怪，诸事都要想的开，假如你是一个体面的混手，结果一定不坏。关于乡亲干部的层面人物，我谈些许看法：做官不必过分清高，乡亲把你尊为皇帝，你却不把乡亲当子民，实在是一件不体面的事。当然，乡亲高官也有难言之隐，如果乡亲们都来找他，不必说办事，单说应酬招待恐没有那个空闲，但总要有妥当的大礼吧。

在我们生活的周围，洋溢着赤子情怀的高官乡亲、富人乡亲，却也屡见不鲜。他们念及乡亲们的苦，尤记乡亲们的情，诚心做了诸多好事大事——或帮助乡亲们引资办厂，或捐资办学，或扶危救困，或帮助乡亲们就业……这样的乡亲情怀，怎能不让人感动呢？

居住在家乡的乡亲们那种朴实、厚道、真诚、无私的根深蒂固的品质，时常震撼着远离故土的沧桑儿女。当我们身在他乡有事回到故乡时，或丧事，或婚事，或大事，或小事，你想不到的，乡亲们替你想，你不愿做的，乡亲们争先恐后地为你做，从不计较得失。乡亲诚是世间一种伟大的、纯洁的特殊情感。假如父母亲离去了，乡亲们绝对是你寄托孤独落寞最佳的对象。

有一位朋友，那日给我讲了一则真实的，惊险的故事：有一个在外省城市上学的女孩夜间在黑暗的胡同里行走，突然一个蒙面大汉持刀向她袭来，一面狂喊："把包丢下，饶你不死"，那位女学生一听熟悉的乡音过耳，便说："大哥，我是学生，没钱。"大汉一听熟悉的乡音，便落刀上前谢罪。女学生幸运地躲过了一劫。我们便知，人不亲土亲，恶魔心里便有乡亲，何况常人乎！有道是："人间有情万千丝，乡亲处处显真情。"

乡亲观念不仅仅是个人的一种品德，也是一种凝聚力的象征，更重要的是反映一方热土上文明人的文明之举。乡亲的力量是伟大的，乡亲的真挚感情是永恒的。文明的乡亲人创造文明的人文环境，文明的人文环境推动一方经济、文化的崛起。天下文明的城市乡村将会创造无数文明富庶的国家。

祝愿乡亲之情源远流长，亲泽四海！

——只有合法的夫妻才有婚姻，只有爱情的婚姻才是真正的夫妻。夫妻终止了爱情，就伤害了婚姻；夫妻终止了婚姻你们还想延续爱情，就将恢复你们的婚姻吧，大家仇恨无婚姻的爱情。

婚　姻

婚姻是男女成年后灵与肉的结合，具有阶段性、建设性、合法性。

俗话说："男大当婚，女大当嫁"，显然结婚是男女成年后的一种义务，一种重大责任，是男女必须履行的终身大事。结婚也是祖宗之亲对本家族充满希望和对自己得到安慰的标志，是成年男女步入人生立业的基础，也是男女双方无尚的快乐和光荣。

婚姻在社会家庭中不外乎有三种形态出现：一种是美满婚姻，第二种是勉强婚姻，第三种是畸形婚姻。另外，婚姻还有两种现象，一种是爱情婚姻，另一种是非爱情婚姻。

我们能够深刻理解婚姻的定义内涵以及定位标准是非常必要的，尤其对自己的婚姻家庭的长治久安是有帮助的。

大家知道，人总有生后之说，生前存在现实的婚姻，生后即自然消亡；离婚之后，婚姻关系人为的消亡，这就是婚姻为阶段性的客观体现；婚姻的维持需要建设性，防犯婚姻将会导致人为的消亡。建设性是维系婚姻存在的一大法宝——男女婚初卿卿我我，激情充沛，处处是新鲜，时时是满足，但日子久了，生活中会出现诸多问题，需要夫妻共同承担。譬如，生了孩子，奶钱，上学钱，油盐酱醋钱等开支，照顾孩子，教育孩子，孝敬双方老人，应付诸亲邻里、朋友、工作不顺等琐事。不是经济上出了问题，就是处事不当，于是夫妻便自觉地产生了分歧和意见。起初，吵吵闹闹了事，日子长了，有些问题非但没有解决，而且还不断升温，这样夫妻感情便产生了裂痕，你争我斗，难分高下。

此外，还有更致命的问题——性生活不和谐，有的夫妻两地分居，妻子红杏出墙，丈夫偷情；有的妻子性冷淡或不育，有的丈夫阳痿早泄或不孕，搞的夫妻感情江河日下……夫妻双方事先没有及时补救或修整，导致婚姻危机。危机出现，便束手无策，只好离婚了事。而夫妻关系需要科学合理的、冷静的、主动的、热情的建设，否则婚姻将难以维护。

夫妻建设性的内容比较广泛，做起来难以把握火候，夫妻双方最基本的要努力做到相互尊重、同情、理解、信任、关心、体贴、宽容、忍耐，还要努力做到相互给予空间、自由，增加修养、运用智慧、采取方法以及端正处世哲学。但是，给予空间不是不理不睬，而是让对方宁静，好好让对方在物质生活、精神生活上稍得安慰；给予自由不是让对方随心所欲，放任自流，而是让对方在人性上回归自然，给予对方一定的人性权利。

夫妻是合法的、一起共同生活的亲爱的合作伙伴，这一点也是非常重要的，一起共同生活是缔造了亲爱的条件，日久生情，心理生理上的交融，日杂琐事的消受，酿造了既有感情又有亲情的蜜酒。夫妻在整个婚姻过程中，地位、权利和责任的定位是平等的，包括共同创造财产、共同支配财产，主导权是有一定规则和制约的，任何一方都不能强制霸权和独断，不遵守规则，因为一旦合作不愉快将会波及婚姻根基的稳固，合作关系破裂，意味着婚姻宣告结束。好多家庭就是没有把夫妻看作是合作伙伴，认为一切都是必须的，造成夫妻感情不和，而这主要因为定位有误，定位准确了，按照运行轨道环行，将是不落的太阳。

绝对美满的婚姻是没有的，美满婚姻只是相对来说的。所有的婚姻不一定都必须有爱情的存在，我们希望天下所有的婚姻都是有爱情的，但希望总归希望，在现实生活中大凡不尽如意。我讲过婚姻是男女成年后的一种天性的责任，并非强调婚姻必须有爱情的存在，但没有爱情的婚姻绝对不是美满的。地球上无数的婚姻家庭创造了世界人类史上绵延不断的生息，婚姻首先完成了人类本能的责任，无婚姻的存在人类将灭亡。结婚后美满与否，至少为社会做了贡献，实现了祖宗夙愿，传宗接代。

有人粗浅地说："结婚不就是男欢女爱，风流快活吗?"婚姻本质是传承了人类伦理有序的立法文明，比如古代帝王三宫六院七十二妃，这是有讲究的，是遵照中华古典文明的哲学而定的规矩，即九九归真八十一妻，这就说明帝王合法的婚姻是八十一婚，其余的是合理而不合法的。古代皇帝成年后，要大婚立妃，生子男后立为正宫。意味着男正国事，女正家事，保持阴阳平衡，婚姻正了阴阳之气，得天地之传承，顺自然之理。

在现实生活中，古往今来，勉强婚姻为数不少。我国奴隶社会、封建社会婚姻是不能自主的，那时的婚姻制度是按照纲常伦理来执行的。“君为臣纲，父为子纲，夫为妻纲。”男女婚姻大抵是由父母来选定的，首先讲究门当户对，门当户对集中反映了政治、经济的行为。马克思说过：“婚姻是政治、经济的表现形式”，父母为了达到目的，甚至指腹为婚。长大后，如果男、女双方各自的家庭没有大的变故，那就如约履行了，有没有感情，是否志同道合，长相是否满意等其它内容你是没有选择余地的，好与坏糊里糊涂就组成了一个新的家庭。有的含恨终身，有的以死结束了人生，碰巧的还算可以。长大后如果男女双方各自的家庭有大的变故，那就不一定如约履行了，有的男方休妻，有的女方抗婚。这两种情况，都是由于政治、经济的变化而改变了意识形态。而也有典型的青年男女，为了纯真的爱情和道义，不顾政治、经济的束缚冲破封建藩蓠，随心所愿，但这是极其稀少的。

现代社会，虽然没有了指腹为婚，但大多数还是没有脱离门当户对的观念。中国是一个传统文化很浓厚的国家，也有不讲门当户对的，除非你是俊杰或淑女。这种规则其实也是合情合理的，也是人们追求向往的，无可非议。只要不出现勉强婚姻的态势，也是有益的。若一味的追求门当户对，慕一时的虚荣，坑害的是子女未来的幸福，那就得不偿失了。我们运用一种时尚的规则，应该去伪存真，去其糟粕，取其精华，绝不能照搬套用，否则将贻笑大方。

畸形婚姻在现代社会是极少数的。何为畸形婚姻呢？畸形婚姻就是亵渎人性的婚姻。比如，人贩子将一个如花似玉的姑娘卖给一个长她几十岁的老人，这不是杀人吗？这种婚姻坑害的是一个无辜的少女，让人看着整天关着难见天日，不高兴了，不打即骂，备受凌辱，强迫生儿育女，几年下来，折磨得香消玉殒，还有的卖给残疾人，诸如此类。还有的父母贪恋人家钱财，将女儿嫁给一个丑陋无比，非聋即哑的丈夫，或将儿子娶一个精神病的女人为妻，等等诸如此类。畸形婚姻是社会的丑态，是对人性的扼杀，是坚决反对和社会舆论必须谴责的。

我们能正确理解婚姻的内在本质，探索婚姻的哲理，对个人的幸福可以起到抛砖引玉的作用，尤其对社会的稳定、发展、进步以及家庭的安定具有极其重大的意义。

——过去的爱恨情仇、酸甜苦辣、悲欢离合已画上了无奈的句号。从今天开始步入前途未卜的新的生活，这就是我们重新组合家庭的快乐与忧愁……

怎样处理好重组家庭的主要矛盾

重组家庭对男女双方来说，又面临一次胆颤心惊的新的考验；对双方子女们来说，面对一个陌生的家庭，心里必然会充满着恐惧和担忧。男女双方胆颤心惊的是对方能否与自己和睦相处共度余生。子女们恐惧和担忧的是这个陌生的家庭能否接纳自己。所有这些心里障碍将会出现在日后矛盾重重的家庭生活之中。

重组家庭的男女有缘相聚，便是人生一件大好的喜事，但在相处过程中不像首次婚姻那么轻松自然，由于种种原因郁积于心中。这些原因，或因前夫或者前妻的阴影久久不能散去而感情未能完全投入；或因前夫或者前妻曾经背叛了自己因伤害太深而产生对对方的不信任感；或因各自对陌生子女不自然的亲近而产生不快；或因各自的经济收入以及经济支配权不平等而产生裂痕；或因各自的情趣爱好、脾气性格、性生活不和谐等等不协调现象而产生对对方的厌烦；或因对对方个人能力的不满而出现相互指责；或因遭到双方父母的长期反对而内疚；或因对对方生活恶习的讨厌而产生摩擦；或因过去婚姻的不幸而各怀私心谋划着各自的后路；诸如等等事端，必然的让这个重组家庭笼罩了层层的迷雾，生活过得既不轻松也不自然。

如何处理好重组家庭的主要矛盾呢？

一、做一个称职的继父

你接纳了她，你就要诚心实意的接受她所有的孩子，不管是男孩还是女孩。生疏的孩子不敢接近你，你要心平气和的主动接近孩子，把一个父亲应该说的话全部说与孩子听。孩子上学要尽其所能供养，孩子步入社会要语重心长的教给孩子做人处事的道理。不能说不是自己的亲生孩子就不与理会而暗藏心结。要把那座大山搬走，真诚的走进孩子的心中。生活是漫长的，但全部的爱都奉献在日升日落的一日之中；如果能问心无愧的过了今日再过明日，渐渐的孩子便把你一切的好铭记心中。怕就怕你表面善良却暗藏心计。有一些道德不良的继父打人家带来的女儿的坏主意，轻者调戏，重者强奸，这都是人性沦丧的恶劣行为，不必说做一个父亲，就是做人的资格也丧失殆尽。还有的继父对待孩子，在母亲面前显得热热亲亲，在母亲背后，对孩子却横眉冷对，特别善于伪装。这些伤感情的事，今天伤一点，明天伤一点，日子久了伤痛至深，造成不易化解的心结，家庭矛盾便随之而来。还有一种情况，妻子的孩子没有带来，寄养在前夫那里，妻子会人之常情的关照她的孩子，可是有些做继父的，就怕那个孩子来打扰他们的生活，便把妻子对孩子的种种关爱当成是份外之事，于是说一些不中听的话，做一些让人看不过的事，甚至蓄意中伤妻子。这样一来，让妻子进退两难，心理上遭受一种说不出的压抑，从而对丈夫产生极大的反感，家庭矛盾极度升华而打破了正常的平静的生活。这样的继父是不通情理的一类。做继父要顾大局识大体，将心比心做一个心胸开阔的人。不管是妻子带来的孩子还是留在前夫那里的孩子，都应该当作自己的亲生孩子来对待，能做到的务必做到，无能力做到的要努力做到，尽心了，尽力了，你便是一个无愧于孩子们的父亲。

二、做一个值得热爱而敬仰的继母

一位初婚或再婚的女人来到一个再婚男人的家庭，必然会面临许多手足无措的臆想不到的事情来应对。作为一位继母，最难面对的就是眼下丈夫的孩子。丈夫的孩子，或是他前妻丢下的或是寄养在前妻那里的。寄养在前妻那里的孩子，应对起来虽然稍好一点，但是继母要懂得大理，要有人母的慈悲心和善心。对人家的孩子好，就是对自己的丈夫好。由于孩子已经做了无辜的孩子，丈夫已经做了无奈的父亲，继母就应该怜悯孩子的失落，妻子就应该体谅丈夫的难处。这样的话，你想到了些许的道理，当然是最好的，想不到这些道理，你不妨保持冷静的态度，毫不阻拦的让丈夫自由的去关爱他寄养在前妻那里的孩子；这样的话，即使你虽然没有直接的关爱孩子，但是间接的塑造了你做继母的仁德。如果丈夫与前妻生的孩子是跟着丈夫生活的，面对这个陌生的不知品性的孩子，做继母的，确实犯难，因为不是自己亲生的，相处起来难以把握尺度。说轻了怕孩子不达效果，言重了又怕孩子难以接受，话少了怕孩子感觉冷漠，话多了又怕孩子觉得烦琐；一天到晚磕磕碰碰，确实是一件耗费心思的事。看起来，真是愁苦；尽管复杂，其实也很简单：继母话多话少，只要是益于孩子心志的话，你就不要管任何人怎么看；继母做多做少，只要是为了孩子的事，你也不必管任何人怎样指责；你凭良心说了母亲说的话，做了母亲做的事，便会坦然的面对世人。做继母怕就怕心里装着一肚子的东西，不能坦率的倒将出来让别人看明白，自己却在暗地里捉摸来捉摸去，打一些小的算盘。家庭生活是漫长的，家庭生活是复杂的。好与坏用时间来证明，对与错用事实来说话。假如丈夫和孩子眼下不能够理解和体谅，等到明天一家人回过头来观看你所说过的好话，你所做过的好事，便一目了然，因为你的心是无私的，你的态度是诚恳的。凡生活中的任何事情，在你行之前不要考虑眼下别人对你的任何看法。如果过分考虑了，你便什么事也不敢做，什么话也不敢说，终将一无所得。生活中任何感情的事情，就是不顾忌。顾忌了，总是要隔着一层或厚或薄的东西来挡着造成心灵之间难以沟通的不良局面。无所顾忌，犹如清泉之水，晶莹剔透，就是坦荡的真爱。做人就这么简单，做继母也同样简单。人常说，继母难做，说白了，也不难，只要你真诚的用心用情融入这个大家庭，没有什么了不起的。

三、夫妻之间绝不能为金钱而各打盘算

重组家庭的夫妻开始生活，大部分总会抱有尝试的态度来履行这场婚姻。有的家庭，经济来源夫为主导；有的家庭，经济来源妻为主导。如果丈夫为家庭经济来源的主导，那么妻子总想关注丈夫的经济支配去向，深怕丈夫的钱流失到她不愿流失的处所；所以妻子时常会与丈夫因为钱而进行直接的或间接的争夺。

如果妻子为家庭经济来源的主导，那么丈夫会有一种被妻子鄙视或抛弃的恐惧心理，深怕自己在家庭生活中失去尊严，失去男人的家庭地位；所以丈夫日日思量着如何能把妻子的钱弄到自己手里。如果夫妻双方经济地位相当，妻子深怕丈夫的钱不交与她，丈夫担忧妻子的钱不拿出一点儿。以上所述这三种情况之下的金钱争夺战便激烈的在双方心里展开了。

我们要明白一个道理：生活需要钱来支撑，爱情婚姻的支撑绝不是唯有钱能所为。如果夫妻之间为钱而婚，那便是真昏。假如夫妻之间为婚姻的长治久安而婚，那便是实在的红。妻子没有经济来源，你就永远不要把丈夫作为你索取的对象，因为你的丈夫是要一个平静如水、踏踏实实的女人。你做到了，他永远是你的，难道他的钱还不是你的吗？刻意的去争，是一种荒唐的行为；由于你善良而贤惠的本性已超越了你本身，一个男人到哪里去寻觅你这样好的女人呢？他一定视你为珍宝，他会为你这个珍宝而奉献自己的一生，难道他还怜惜钱财吗？我想，一定不会的。女人的坦荡便是大智，无为即是有为。如果丈夫没有经济来源，妻子是这个家庭经济来源的强手，做丈夫的首先不能把妻子当作挣钱的工具，更不能由于她是挣钱的能手才去爱她；持这样的态度，分明你是爱她的钱而不是爱她的人；你真这样想也这样做了，那么你花人家的钱还有什么价值和意义呢？做丈夫的要尊重妻子尽力挣钱的能力，要敬仰她奋发有为的精神。丈夫要在生活的点点滴滴中关心爱护自己的妻子。妻子认为你虽然没有她挣钱多，但必须让她能感受到只有你才是走进她心中的男人；她挣的钱将会全部的投入家庭之中，你也没有必要挖空心思的死盯住她的钱袋子不放。当然，妻子也不能因为自己有经济实力而高高在上，看不起自己的男人，处处给丈夫甩脸子，时时对丈夫盛气凌人，摆出一副威风凛凛的架子。能挣钱只能说明你是一位有劳动能力的女人，并不能证明你是一位贤妻良母，只有平平静静、真真切切、温温和和与丈夫孩子和睦相处才是一个优秀的妻子和母亲，也才能够排除化解夫妻之间的意见分歧。如果夫妻双方经济地位相当，要根据家里的实际开支相互沟通，将两人挣的钱加起来，除去一切开支，剩余部分各自留足零用钱，将再剩余部分交一人保存作为家庭存款。若两人所挣的钱刚够家庭开支，那就全部开支了便是，不要互相盘剥，你争我斗。彻底铲除各自的私心杂念，才是尚好的方法。重组家庭夫妻关系的融洽相处，最大的障碍就是私心过重；去掉私心，多一份信任和坦诚努力缔造心心相印的二人世界，才是挽救婚姻家庭的一济良方。

四、夫妻之间不能小题大作

重组家庭有些夫妻因小事争吵不休而离异，这也是一个不可忽视的重要问题。有的丈夫抓住妻子的小毛病，大打出手，整日唠唠叨叨，真是婆娘的裹脚又脏又臭。一个大男人说一个女人：这也不对，那也不好，说来说去尽是些鸡毛蒜皮的小事。身为男人就应该有容人之量；避重就轻的做法是极其错误的。当然，有的妻子也会常常拿一些不知明堂的歪理找丈夫的毛病，一天无所事事，专找丈夫的短处，找出一个说一个，找出两个说两个，找出一大堆不值得一提的事来，当作金宝玉石对丈夫不折不扣，纠缠不休，把丈夫搞得心烦意乱、晕头转向，家庭气氛阴云密布。本来丈夫在外谋事劳累暂且不论，不免还要遭受许多不测的委屈，回到家里盼望得到片刻的安宁，可是妻子总是毫不客气的不给一点享受的机会。夫妻之间小事不是不能提，提一些不快的小事，要把握时机，要看双方各自的情绪，要掌握科学的方法，相互提出缺点和错误，共同进步也是一件尚好的美事。怕就怕故意找对方的差子，动不动跟前夫比或者跟前妻比或者跟别人攀比。更有不讲道理的，明明是自己的错，却偏要不依不饶没理找出三分歪理。诸如种种做法，毋论男女都是没有素质的不理智举动。重组家庭对于男方或女方来说，均是人生不该发生的事，但面对无情的现实，出于无奈只好不得已而为之；所以再婚男女更应该相互谦恭，忍让宽容，方是相处之道；一定要珍惜来之不易的婚姻。过去没吃过的苦，今天要试着品尝；过去没受过的委屈，今天要学会承受。振作精神，抛弃一切的私心杂念、忘掉一切的忧愁和烦恼，坦然的重新来过。

五、做父母省心而懂事的孩子

作为孩子，面对生父生母、面对继父继母、面对家庭的种种困惑、面对社会的种种压力，要时刻铭记精心的调整自己的心理状态。

既然，生父或生母不能与你朝夕共处而失去昔日自豪而快乐的天伦生活；此时此刻，你已无辜的进入了一个新的家庭，那么你要懂得：绝不能拿继父当作生父来要求你想要的那种无拘换束的自由的爱，也不能拿继母当作生母的一切希望而求全责备；因为生父生母与继父继母，从天性来说，总归是有区别的。如果你一味的追求一种完美的境界，那一定是不切合实际的一种愿望。假如做孩子的有自知之明，明白这些道理，在往后的相处当中，将会得到些许的平衡和慰籍。

做一个乖孩子首先要体谅生父生母、继父继母的难处，在精神上要减轻父母的负担，在日常生活中要学会自理；不该说的话绝不能信口开河，不该做的事绝不能悄悄的自作主张。该说的话一定要说出来，该做的事一定要勤快的做好。穿衣服要讲究朴素大方，吃饭绝不能铺张浪费，花钱要按家庭自身条件而消费，绝不能赶时髦和有钱人家的孩子较劲。上学阶段要刻苦学习，踏踏实实，不浮不躁，不骄不傲，立志做一个争气的孩子，为将来步入社会奠定良好的基础。踏入社会要奋发有为，自食其力，做一个守法而德才兼备的人。

在家里在社会待人接物，说话要诚恳，做事要沉稳。不管生父生母还是继父继母都要有分寸的对待他们，讲礼貌、讲规则、讲原则，谁不夸你是一个让父母省心的懂事的孩子。诚是这样，你也好，我也好，两好搁一好，相处起来，哪里有不可化解的矛盾。绝不能学那些惹事生非，故意挑拨离间无端制造家庭矛盾的孩子，否则父母们着实难以应对。

重组家庭的矛盾存在许许多多，我只是淡淡的提了一些，今天不能够一一详尽叙述，深表歉意！大家能够在生活中深深的思考和体会针对自家的情况逐一排除种种矛盾，是我希望的田野。每一个重组家庭能过上幸福美满和谐共处的生活是我最大的心愿。

——如果夫妻背向地走在心路旅程中，如果夫妻有一方或双方已经走过了背叛对方的路或正走在背叛对方的途中，那么，有婚姻危机症结的夫妻便会狭路相逢。或许争战一生，或许各自逃离。如果为了保卫婚姻那就请携手同行，否则，那你就自由吧。

婚姻危机的症结

一些著名的心理学家讲了许多颇具哲理的、深刻的、维护婚姻的大论。大论概括地说，保卫婚姻需要夫妻之间不断呵护、建设、更新、需要付出耐心、资源和技能。如果夫妻之间存在的问题非常严峻，似乎难以实施一条友好的配合，这样的话，婚姻保卫战仅仅只是一个计划而已。婚姻达到破裂致命的症结无非是两大主题：一是信仰的极大差异，二是夫妻双方或单方出轨事件的发生。保持婚姻牢固的根本问题是信仰的一致，即志同道合，不能志同道合，貌合神离，导致出轨而另择新欢，以求精神上的平和。似乎事发有因，不是她方就是他方。如果夫妻双方志同道合，即使彼此有遭受层层波浪的冲击，我想，夫妻双方一定不会走向感情彻底告破的绝境，也不会草率地解除合法手续。我想，再愚蠢的男人和女人在这个问题上也会表现的非常理智。动物对它的婚姻绝不草率，再愚蠢的人难道还比不了动物吗？

我说的信仰是指人的世界观和人生观、道德观，如果一个人对判断事物、认识事物、解释事物发生了极端的结论，那将是很危险的。如果你自认为自己的理论和行动是世间独一无二的真理和完美无缺的举动，并且还要义无反顾的、面红耳赤的、竭力向别人推销你的个人喜好，责难他人行动起来。这种做法实在是一种不理智的态度，因为你的理论和行动是极端的，不适应于普遍性的规律和法则，把个人的喜趣强加给别人来接受，这是侵犯人权的做法。如果夫妻之间出现了类似的情况，单方的喜好对方都能欣然认可并接受，那将是妥当不过。怕就怕对方既不认可也不接受，结果彼此都在设法改变对方。理论的日子久了，有一方失去了信心，对对方产生了厌恶感，出现了无药可救的顽疾，就会造成无力回天之状。

夫妻感情失去了呵护、建设、更新、耐心的条件，不具备条件的维护是没有必要的，也是无价值保卫的。离婚了，确是一种无可奈何的快慰，是一种不愿所为的解脱，是一种有怨有悔的终身遗恨。这又是谁的错呢？有人说，谁都没错，人各有志，各取自由。我说，搞了极端的一方是错误的，只有科学的合理的、合法的、合情的、客观的、现实的理论和举动才是正确的，才是合乎人情的。人是生活在社会大家庭中的一个分子，你说的话，你办的事总是与大多数的分子有极大的反差，那么你的信仰确实需要质疑，你的世界观、人生观、道德观需要及时做出重新的思考，及时改变你前进的方向，否则，你不被家庭淘汰，也会被社会淘汰，与你相处确是难为的事，你只好寻觅你的同志者，顽固下去吧。

爱是有条件和基础的，婚姻的永恒性更为复杂多变，所具备的条件和基础向人们提出了更多更高的要求。有些人婚姻出现了症结，为了孩子或其它因素勉强支撑，这样的婚姻家庭像是在痛苦的化疗，能化疗好也不是一件不好的事，起码是在诚心诚意地挣扎着解除症结。婚姻的学问里，个人信仰包含着较为广泛的内容，不仅仅是宗教信仰，生活中的一切嗜好都可归纳为信仰的范畴。信仰是一种思想，是一种理想，是一种追求，是一种愿望，是一种崇拜，有阶级性，有社会性，有立场性，有党派性。凡同一信仰的人，志同道合，语言共同，习惯相似，一脉相承，情投意合。人的生活分政治生活、文化生活、经济生活、军事生活、日常生活，而婚姻的载体就是男女夫妻共同履行一切的生活。夫妻不能愉悦的共同生活将是导致婚姻破裂的一大症结。

夫妻双方或单方发生出轨事件是导致婚姻破裂的致命的第二大症结。出轨的原因很多，我在这里不愿考究竟夫妻因何出轨，更重要的是我要向大家指出，要想认真诚实地看待婚姻的呵护，请用心坚守各自的阵地，创造婚姻安全的战场。异性情感，心里的背叛，肉体的背叛是扼杀坚固婚姻堡垒的核武器。热爱对方，首先要忠于对方，尊重对方；其次要换位置思考对方的感受。现实生活中有些人抱着侥幸心理，我出轨了，可能对方不会知道，似乎是太平洋底下的秘密，而如果有一天，有人到太平洋底下探宝顺便发现了你的秘密，到那时又如何是好呢？

有人很严肃的和我谈道：我的出轨是有苦衷的，实在无法避免的。我也表示同情地、坦诚地告诉他（她）：如果你要解除你的婚姻关系了，我觉得你没有大错，只是提前做了明天的事，于是他（她）默认了我说的话。

导致婚姻破裂的诸多因素大家都很明白，但就是难以克服，既然没有克服出了轨，做错了事，伤害了对方，被伤害者感觉婚姻有问题，往往总会将问题的焦点集中在第三者身上，而忽略了婚姻本身存在的矛盾。能结成婚姻，两个人至少当初是深爱过的。当感情出现了危机时，首先应该想到的是，问题的症结在哪里，只有解决了内部矛盾，才能彻底抵抗外部的攻击。

年轻的男女当初能携手步入婚姻神圣的殿堂，便是缘分。这缘分来自于神秘天使庄严的福音里，天南地北便传递了热爱的音信。我们应该以严肃而虔诚的心态来珍惜来之不易的缘分。如果不是人为的因素，真的是缘分到头了，也要静下心来好好深思……

悟出婚姻破裂的症结，症结难治，莫过于有怨而无悔，可悲的是，到死也不会明白婚姻破裂的真正原因。

——失误的离婚是愚蠢的，错误的离婚是失败的，情断蓝桥的离婚才是明智的选择。

离　婚

我们知道，离婚是一种社会现象，是男女婚后感情破裂解除合作关系的合法方式。离婚很难说清对与错，对与错是相对来说的。也可能对于一方是对的，对于另一方是错的，也可能双方都是错的，或双方都是对的。总之，对与错不是我们要考虑的主要内容。重要的是我们努力怎么做一个好丈夫？怎样做一个好妻子？如果你的言行表现是一个好丈夫或好妻子，那么离婚的对与错便一目了然。即使离异打心眼里问心无愧、无怨无悔，离婚了，直面人生，重头再来，虽辜负了好时光，但不失为正确的选择。我还是要告诫人们离婚一定要深思，切莫草率，游戏人生。当然，该离一定要离，能凑合一定要悬崖勒马。

离婚是无奈选择的悲剧。有一个故事，我讲给大家。我们村有一户人家，全家共有六口人。上有双亲父母，膝下有一双儿女。父母年迈，儿女幼小，种地为生。虽家境贫寒，但日子还算过得平稳。尽管积蓄甚少，但吃、穿无忧。有一天，小儿子感冒发烧，妻子让丈夫抱小儿子去医院看大夫，丈夫执意不肯。丈夫的意思是小病扛一扛就过去了，怕去医院花钱。妻子于是大发雷霆，夫妻俩足足吵了一夜。第二天早饭后，夫妻俩怒气冲冲地去乡民政所离婚。女儿抱着弟弟去医院的途中出了车祸，儿女双双无一生还。夫妻俩离婚证是拿了，可儿女却没了。我们想，这夫妻俩竟是如此的荒唐。假如一切的一切……能有这弥天大祸吗?现实是残酷的，只能自食苦果罢了。

离婚的悲剧数不胜数，有的因离了婚或妻子自杀，或丈夫疯颠；有的因离了婚，父母患病，或孩子心灵受到伤害；有的因离了婚，或妻子郁郁而终，或丈夫堕落；有的因离了婚，或妻子沦落风尘，或丈夫走向极端……

离婚也是男女感情破裂后痛苦的一种解脱。如果婚后的夫妻志趣不投、同床异梦、移情别恋、长期分居，夫妻相见如似仇敌，与其活受煎熬倒不如早日分手为好。这种情况的离婚，我是非赞成不可的。离了婚各自寻找称心快意的合作伙伴便是不错的选择，好合好散，开笼放鸟倒也是人间的又一仗义之事。

离婚有时是崇高品德的体现，真爱的坦白。有一个真实的故事，足可以让我们感到心灵的震撼。

那是二十年前的事了，我的一位朋友英俊潇洒，在煤矿井下工作。一次偶然的事故造成下肢瘫痪，时年 22 岁，结婚不到一年，还没有孩子，尽管遭此不测。他的妻子温柔贤惠，漂亮大方，堪称当地的一个美人。她面对丈夫的不幸遭遇，备感同情，常常是以泪洗面，对丈夫的生活照顾得无微不至。丈夫面对这样娇美的女人，从此无能行夫妻之事，愧疚不已。谁知他悄悄地谋划好了一个惊人之举——有一天他托人聘请了律师，让律师代理向法院起诉离婚。起诉理由主要有三：一、妻子不甘寂寞，移情别恋；二、对他生活照顾人前装样，人后虐待；三、妻子逼迫他离婚。律师将一纸诉状递到法院，不多时，法院法官怒发冲冠，将传票向他妻子即刻送去。妻子接到传票，复杂的心情难以言表，急匆匆跑去法院。法官与她对质，她义正词严，光明磊落，法官思虑，她句句实言，从从容容，不像忘恩负义的妇人。暗想，这事必有蹊跷，于是决定择日开庭，传她丈夫到庭问个明白。开庭那日，她的丈夫在法庭上向法官情真意切地表露了心迹：我的妻子年轻美貌，贤惠高德，我已成为废人，若终身伴我，岂不毁了她的一生，请求法官成全我的恶意善行之举，若法官和妻子不能成全，我愿一死。他的妻子当庭痛哭流啼，情不能自已。最后几经周折，法官成全了他的高德之举。妻子回娘家的那天，他将煤矿给他的30万元工伤费，拿出15万元偷偷地放进了妻子的包裹，作了结局。

他的举动足足让我思考了二十年，难以理解，那么漂亮的媳妇，多可惜。今天终于想通了，他高尚的品德将永远震撼着我的心灵……难道这样的离婚行为不是一种大义的高尚的品德体现吗?

离婚是一方对一方绝情断义的抛弃。这种形式的离婚，一般离婚的根源是为了达到某种欲望，不顾法律和道德的约束，冒着巨大风险和压力实施唯心的举动。有的为了荣华，有的为了高官，有的为了金钱，有的抵不住美人或俊男的诱惑，有的难耐贫穷。比如，戏剧舞台上的陈世美，就非常典型，他状元及第后，图慕高官欲为驸马，皇宫大内，富丽堂皇何不荣华，天下最富莫为王土，高官厚禄何不富贵，从此不再贫穷低贱，皇家公主雍容华贵，美丽绝伦，即为己妻，何不风流？荣华富贵，高官、金钱美女皆拥有，天下稀有的美事何能不慕。但是他却不顾一切把天下人道、父道、夫道、官道忘得一干二净，竟然杀妻灭子，欺君乱法。真是枉为人子，枉为人臣，枉为人父，枉为人夫，枉为学子，辜负了满腹经纶的华章。

陈世美的启示足以唤醒天下信男淑女。在我们生活的周围，就有许多男女竟敢以身试法，以名试德。有的人刚刚升了一个小小的科长，一觉醒来，竟然忘记了自己的名姓，便休妻弃子，物色美女去了；有的人起初形同乞丐，夫妻二人劳苦打下了江山，有了几个臭钱，就讨厌糟糠之妻，便效法古人纳妃续妾，与妻分道扬镳；有的人仗自己的几分姿色，傍上了一个大款，回到家里看丈夫左右不是，难耐贫穷便绝情断义与丈夫发动离婚的战争，而离了婚跟了大款，大款新鲜过后一脚将她踹开，她才如梦方醒，但悔之晚矣。

离婚是不理智的报怨而产生对对方报复的惩罚。人非圣贤孰能无过，有的丈夫或妻子在外面偶尔偷情，妻子发觉后便不依不饶，大打出手，闹得满城风雨，最后导致感情危机，以离婚而告终。理智的做法应该是双方坐下来沟通，促膝相谈，做到宽容忍耐，原谅感化，总不致于离婚吧，认为离婚就是对他（她）最适当的惩罚。其实，夫妻各自犯了错误，只要彼此不影响夫妻感情的举动，不必大动干戈，扩大势态，应建设修补比往日更加关心对方才是上策。

一家之言难述万种风情，总之，离婚既可以毁坏人生也可以树造完美人生。但我要奉劝千家万户一定要做出理智的选择，若没有大的动荡，绝不要草率离婚，而要为建设一个和谐的完整的家庭而艰苦奋斗。

——婚内无情为哪般？婚外有情是何情？婚外欲情先断婚，断婚事后再求情。铁骨铮铮念婚恩，正大光明人上人。南辕北辙无情种，水性杨花是小人。

婚外情

婚外情是成年男女婚后单方或双方发生婚姻关系以外的异性或同性的情感故事。一个家庭出现婚外情的行为，无论男女，轻者，突破道德底线，将受到亲人、同事以及社会的强烈谴责；重者，触犯法律条文，将受到法律的制裁。婚外情的不良后果，人们大多是知晓的，确是明知故犯。不必说有因也好，也不必说报复也好，总之，未解除婚姻关系而出现婚外情的行为是不道德的，是极其恶劣的，所以要把婚外情的这种现象作为全社会抨击的对象，予以扼制，还婚姻一个公道。

婚外情是背叛对方感情的卑劣行径，是对美好婚姻的公开挑战，是对神圣婚姻殿堂的践踏破坏。这种不良的行为导致了社会家庭的不良后果，形成了许多不完整、不和谐的畸形家庭。由于畸形家庭的层出不穷，导致了国家社会的不安定因素，这些不安定因素来源于许多家庭的矛盾冲突，来源于子女教育的不健全，来源于家庭成员因情绪波动而丧失活跃的优秀的社会劳动力。如此阴晦的不正常现象，潜藏着一种可怕的危机，长期以往，将会家破国亡。婚外情的妖风不杀，不足于平民愤，不杀难以得人心，早断方快，势在必行。

婚外情，这种现象是怎样产生的呢？

一、随着社会生活的不断发展，金钱至上拜金主义的不断慢延，贪欲灵魂的膨胀；

二、夫妻双方信仰的差异，理想的不同；

三、婚姻基础的薄弱，闪电式婚姻的存在；

四、文化程度的悬殊，家庭背景的落差；

五、性生活的不和谐；

六、先贫后富的抛弃，先富后穷的逃窜；

七、年老色衰的嫌弃，图慕虚荣的背叛；

八、家庭事务处理的分歧；

九、因教育子女观念的差异；

十、因亲戚的无端干涉家庭内政或挑拨离间而产生厌烦心理，导致夫妻争吵不休而移情别恋；

十一、地位高升后的特权；

十二、淫秽色情传播品的污染；

十三、美女或帅哥的诱惑；

十四、金钱地位的俘虏；

十五、甜言蜜语的刺激；

十六、生性轻浮的性格；

十七、游戏人生不负责任的态度；

十八、两地分居的孤独；

十九、灯红酒绿的幻想。

尽管婚外情现象产生的原因很多，但种种原因都不能作为婚外情的正当理由，只是对人的一种冲击而已，关键是我们必须得经受住各种各样、形形色色的异外冲击。当你明白了婚姻的严肃性和夫妻的尊严感，你一定要顶住种种冲击甚至无比力量的冲击；当你感到无能为力不能够渡过难关，你必须放弃你的婚姻，正言励色地解除了婚姻关系，去寻找你所谓的自由。这样，你虽然不是什么高尚的人，至少你是一位守信用遵守规则的人，即使没有人能够支持你，起码没有人来反对你。

现实生活中多数已婚的男女，虽出轨却不愿离婚，只好偷偷地做地下工作，寻找在家庭中缺撼的东西，于是与其郁闷，倒不如潇洒走一回，与尔同销万古愁……

男人的出轨，是男人本身内在因素的驱使，所以夫妻双方男人出轨的人数多于女人。有人曾向我谈过这样一席话："男人并不是好色，而是好奇；男人的世界是一个充满激情的世界，因为男人喜欢寻求刺激，又赋予挑战性，征服女人是男人表现力量和追求刺激的标志；金钱、权力、女人是男人的激情，没有了这个激情，男人似乎对生活失去了希望和信心；男人希望占有女人，男人在女人的怀里永远是一个长不大的小孩，需要女人的温暖和抚慰。"我听了他对男人这样的看法，似乎觉得男人确实是有这样的一种天性。我想，女人要是能懂得男人的这种天性，并且能使出浑身解数同样来征服、刺激、占有男人，给予男人意想不到的快慰和宽容，那么你的男人永远是属于你的，永远是你的私有财产。男人一定会为了他的妻子不饮一滴忘情水。

女人的出轨较为复杂一些，虽然女人出轨的人数较男人少点，但是就这些少数女人的不规行为破坏了中华民族妇女源远流长的历史传统文化美德，丧失了一个家庭的尊严，给丈夫和孩子留下了一生的耻辱。女人出轨的复杂之处在于女人自身的诸多弱点：一、喜欢贪小利；二、喜听好听话；三、虚荣心太强；四、遇到困难难以克服、便献身排除；五、今日荣华即刻易主；六、刻薄索取；七、喜欢拿自己的丈夫跟别人的丈夫进行浮浅的比较；八、喜欢享乐，很难接受现实的苦难。有些女人的弱点不仅仅如此这些，当然，有些女人的耐力素质较高甚至超越好多男人。奉劝天下的女人们一定要克服自身的弱点，遇事沉着冷静，与风流男人狭路相逢要泰然处之，切莫轻浮草率失去女人宝贵的价值，要好好陪伴你劳苦功高一生最可亲最可敬的丈夫。若由于种种原因不能与你的丈夫同枕共眠，一定要理智的恭敬的向丈夫坦露心声合法的解除你们的婚姻关系，去追求获得你所谓的女权自由。我想离婚前守了盟约，离婚后怎么搞婚外情，绝对是没有非议的，也是值得人们敬佩的。

有人说，文明国家是性爱自由的世界。在我看来，“性爱自由”正是所谓的文明国家一大致命的社会弊端。性爱自由是在一定条件下的自由，不是无条件的时时处处的自由。

婚外情的对与错、好与坏、事实会告诉我们。我提一些个人的观点，只能给人们一点点启示，大家怎么想，怎么做，完全决定于大家。启示若有益，大家不必言谢；启示非益，大家尽可指责。家庭之事、千头万绪、数言片语焉能功就？还望大家斟酌一些文明的做人理念，做一代楷模，并把那些文明的思想精髓代代相传，创造一个美满的家庭，创造一个伟大强盛、文明的国家。

——无亲无义真无情，有亲无义亦为空。亲情似海深无测，千古真情谁人知。

论亲情

何为亲情？亲情是人与人之间具有血缘或非血缘关系的一种特殊的情分。一般以父氏宗亲为内亲，以母氏宗亲为外亲。内亲和外亲按辈分来说，分近亲和远亲，五代以内属近亲，五代以外属远亲。非血缘关系的亲情有两种情形，一种是夫妻亲情，另一种是父母与养子女的亲情。具有血缘关系为基础的亲情是先天性的，非血缘关系为基础的亲情是后天性的。无论何种关系为基础确立的亲情均是永恒的，亘古不变的。后来关系发展的不够理想，亲情关系一旦确立也是难以绝亲的。有的人崇尚亲情，呵护亲情，重视亲情；有的人忽视亲情，淡漠亲情，轻视亲情。我们知道，凡人从小就生活在远近内外亲情的氛围里，直到离开人世，从未离开过亲情的爱护。可见，亲情对个人的一生是多么重要，意义多么深远。

崇尚亲情、呵护亲情、重视亲情，对于个人、家庭、家族、国家是何等的重要。一个婴儿得到父母的亲爱而长大成人，成人后得到兄弟姐妹的亲爱而渡过难关，或得到他亲的帮助而发迹，或得到家族的声誉而势力壮大，或得到某亲的教导而驱散愁云，诸如等等益处无不彰显着亲情的可贵之处。亲情之重重于泰山，亲情之深深于大海。

先天性的亲缘大家都会领悟，后天性的亲缘或许大家有所费解。先拿夫妻亲情来看，大多数夫妻虽非血缘关系，事实上等同于父母与子女关系，甚至超越。夫妻关系是灵与肉的结合。《圣经》所言更为深刻，《圣经》言："夫妻本为一体，妻子是丈夫的一根肋骨变成的。"尽管是神话传说，但是深刻的寓言透视着人类社会夫妻自然亲密的独特亲缘。夫妻从结婚到往后波澜壮阔的日常生活造就了夫妻这种特殊的亲密关系。同样抱养的子女融入了这个陌生的家庭，与这个家庭的所有成员同吃一碗饭，同睡一个屋，同饮一杯水，同吸一口气，同用一种器，同苦同乐，同悲同喜，水食化血，其血同源，何不亲乎？夫妻更是情深意重，苦乐酸甜相宜，难以言表；盛情之事，笔墨岂能言尽。

在现实生活中，亲情对一个人的成长、发展、快乐生活是至关重要的。比如，父母有养育之恩，兄弟姐妹有互助之爱，他亲有关照之举。还有人这样说道："我从小失去父母，在孤儿院长大，原本也没有兄弟姐妹，也没有他亲。"其实未必，养大你的孤儿院难道不是你的再生父母吗？孤儿院的伙伴们难道不是你的再生兄弟姐妹吗？我们明白了亲情的存在，就要懂得报恩。报恩的方式就是人家从前怎么待你，你也要设法怎样待人。重视亲情首先要有热情，再释放热心爱心，然后诚挚的施行。亲情只是一个基础，关键要靠相互理解、宽容、建设经营、用心的维护达到一个和谐的境界。

在我们生活的周围，就有一些人不能正视亲情的相处理念，说什么，过去对我的一切的好，都是应该的，理所当然的。现在有权了，有钱了，长能耐了，似乎有了一切，妄自尊大，目空一切。见了父母犹如陌路之人，见了兄弟姐妹们以及诸亲像躲贼似的，划得一干二净。这些人看似精明，游离于世外桃园，冠冕堂皇，自扫门前雪，不顾他人瓦上霜，而这些人果真精明吗？我看未必，诸亲不爱，何况爱人爱国。

我国唐代历史上有两个有名的女人。一是女皇武则天，二是宠妃杨玉环。她们二人富贵后，家族诸亲尽显风光，真是“一人得道，鸡犬升天”。当然，这是反的一面，反的背后却告诉人们亲情的无比威力。妇人尚且如此，何况男雄乎？但我要把诸亲风光的基础和条件分析一二。比如，武则天的侄子武三思，他能以亲待亲，对姑母武皇忠心耿耿，尽心尽力；杨玉环的兄长杨国忠，虽无护国之才，但能处处为妹妹杨贵妃考虑，至亲至爱，恪守亲道。亲情的维护需要互相配合，你有初一我有十五；否则，武则天、杨贵妃能让他们风光几时呢？任何亲情都必须互相建设、经营、配合得体，始终把握以亲作友的心态进行交往，亲义相宜方显自然的人道本色。若能相互建设、经营的好，远亲可转化为近亲，反之近亲可转化为远亲，甚至无亲可言。

我曾听说有些亲戚借了亲戚的钱一年两年硬是不还，借钱时说特好，那语言听起来亲的不得了，人家要钱时先是推三挡四，后来连招呼也不打，甚至躲起来，大有断亲的嫌疑。大家想，亲戚借给你钱，是帮助你，亲爱你，可你倒好，借了人家十多万，尽连一万也没打算还，这样的亲戚还有亲情可言吗？

还有一些人对亲情度把握的较好，或有钱，或有权，或权钱均无，总是尽力而为。有权的尽量照顾，有钱的帮钱，无钱的出力，由近亲到远亲，由内亲到外亲，由急到缓总是做的合情合理，无可挑剔。宁愿失去一些，不灭亲情大义。这样的人，并非慷慨大方而是重视亲情之道，规范做人的标准。

亲情的相互建设、经营靠的是“爱心”与“奉献”，并非甜言蜜语，或送几斤苹果，拿几斤点心，做做样子，关键是救济扶贫解难。我们能正确的体现亲情的人生观、世界观、道德观、家族观、法制观，是我们处理好亲情关系的良好导向。

亲情的凝聚力不仅反映了家庭、家族的强盛，同时也反映了一个民族团结奋斗的精神。亲情事小，家事国事事大，事在一人，功在千秋。以一人之能，仰民族之魂，扶我家族，佑我祖国，民间之伟人。

——真爱的一方是天外飞来的娇客，全然不知那时我们早已相识，今天才得以相会，方恨来迟，欢呼圆梦。别人说，娇客是如此的丑陋，但我觉世间独美，所以世界少了娇客，我会悲吟一生；世界有了娇客，我会忘记万象的生机。神奇的天使，奥秘的情爱，做牛做马，全然是为了你无尽的享乐，而这就是至高无上的爱情。

论爱情

谈到爱情，千百年来，令无数善男信女魂牵梦绕，心驰神往，激动不已。爱情，之所以深受人们向往和崇拜，是由于伟大而崇高的爱情精神始终感动着我们。人的生命是有限的，可是爱情的可贵精神是无限的，所以我们要把有限生命的情感投入到无限的爱情之中。当有朝一日与你相爱的人作别之时，不留太多的遗憾于人间，不然，无尽的泪滴也难以抚平今日悔恨的伤痛。

什么是真正的爱情呢？伟大的导师卡尔·马克思曾对爱情作过这样的总结："爱情是两颗心灵相互撞击的火花"。马克思所说可谓是至理名言，内容深厚，意义深远。真正的爱情不受政治、经济、家庭、地位、文化以及年龄的限制，只要两颗心灵能够撞击出火花，自由的水乳交融，便会产生刻骨铭心的爱情。爱情的宗旨是追求人性的自由和幸福，而爱情是心灵与肉体相结合的志同道合的具有共同语言的人间男女的情爱旅程。

爱情本质的东西并非多么神秘莫测，是一种自然朴实、真诚随意的流露，彼此相互倾慕、相互崇拜、相互关爱，肯为对方做一些或大或小的力所能及的事情。或者说你是对方嬉戏乐闹的唯一对象，或者说你是对方出气的工具，有时又像是对方的良师益友，或者更像是对方终身所依的父母。童心大发时你可以在对方身上打一拳，踢一脚，随便折腾你的是不必顾忌的。人常说："世界上没有无缘无故的爱，也没有无缘无故的恨"。爱是一种情不自禁的无私奉献，不是信誓旦旦甜言蜜语的宣言。爱情就是实实在在、默默无闻地、心甘情愿地为对方做许多事情的过程。拥有爱情的人彼此透出许多妙不可言的爱，晴光里旋转着希翼的泪滴，耳朵里时常传播着对方悦耳的名字，周身弥漫着对方备感温馨的味道，相思中蕴含着彼此万分惦念的忧愁……

爱情的本质体现了"轻生死重大义"的英雄本色，爱情的行为决定了男女之间心理和生理渴望得到对方永恒的、天性的自然选择。总之，爱情是男女之间相互倾慕、相互崇拜、相互关爱、忠贞不渝、刻骨铭心、波澜壮阔、海枯石烂的情义无价的不朽的情爱故事。

自人类社会以来，许多经典爱情故事虽然早已湮没在了历史的长河，但他（她）们那可爱的身影却永远留在了人们的记忆里，他（她）们的爱情传奇闪烁的光辉永远照耀着我们不断前行。从上到下，古今中外的爱情故事一直是历代文人墨客歌颂和赞美的永恒主题。一个个鲜活的面容犹在眼前，时刻震撼着我们的心灵。诚然，文人墨客夜半孤灯，生花妙笔，如此何为？我们知道，婚姻家庭是人类社会的组成单位，有爱情的婚姻家庭是人类最完美、最和谐的象征，这正是文人学者的良苦用心所在。今天正在发生和即将发生的爱情故事正是我要特别关注和正视的意义所在。丰富多彩的、崇高的现代爱情发展观将会对现在和未来人类两性生活的进步起到不可估量的作用，将会使无爱情的婚姻家庭让路而阔步前进。

爱情在现实生活中既具有浪漫主义幻想的美，又具有现实主义真诚的妙。比如冯梦龙笔下《警世通言》里的《白蛇传》，蒲松龄笔下的《聊斋志异》，书者以巧妙的手法塑造了人妖相爱、人鬼相爱等感人肺腑的爱情故事。故事内容虽然带有诡异的神话色彩，但是作者对爱情透彻理解的功底达到了极致。作者的字里行间把爱情的浪漫与现实集合得淋漓尽致，炉火纯青。作者面对现实生活中残酷爱情悲剧感到痛苦又予以同情却又无奈的复杂心情，运用艺术手法演绎了人间真爱的理想爱情传奇。

我们知道，人妖相爱的白娘子与许仙，人鬼相爱的花姑子与李郎虽历经坎坷，但结果是让人高兴的，不像梁山伯与祝英台未抚酥手身先死，更不像贾宝玉与林黛玉在他人安排的宿命里灰飞烟灭。忘年相恋也是一类典型的值得称道的爱情故事，像伟大的先行者孙中山先生与宋庆龄的恋情是值得后人所敬仰的。他们尽管年龄相差二十七岁，然而在共同的革命理想下，相互仰慕而产生了爱情，虽历经磨难，他们的爱情史诗正如他们对革命的坚贞，在世人的心里树立了一座不朽的丰碑。

此外，还有张学良将军与赵一狄小姐，尽管年龄相差十九岁，但两人偶然相遇，相见恨晚，一见钟情，以身相许。一九三六年，“西安事变”后，张学良被判终身监禁，赵一狄挺身而出，在监狱中陪伴张学良度过了长达半个多世纪。曾经，赵一狄的父亲极力反对女儿和张学良相爱，登报声明断绝父女关系，但赵一狄女士，面对种种压力毅然决然冲破封建世俗蕃篱的束缚，坚决捍卫了她所热衷的爱情信仰。难道这样的爱情传奇人物不值得我们敬仰吗？

封建礼教下婚姻爱情观饱受许多规矩的困扰，不是说你想爱谁就爱谁，一旦你破了规矩，不按套路出牌，必定会引起家庭同事社会的强烈谴责。不同时代有不同的婚姻爱情观，封建礼教讲究父母婚约，媒人撮合，门当户对，而现代社会的婚姻爱情观，自历代进步人士开爱情自由之先河，引无数男女竞“折腰”。自由恋爱的进步思想蔚然成风，但有些乱爱妖风实堪不雅。有些人朝三暮四，爱张三四天，爱李四三天，又看王五也不错，不知你到底爱谁？诓悦即欢，得色即收，有爱而无情，有情而无义，虚情假义。有道是：地下情场一片红，掀起波澜百丈许。

我们要用纯洁、理智、坚贞、自由、洒脱、高雅的爱情理念持守志同道合的男女生死相恋的人间绝代情义，把爱情的高尚行为写在自己的心田。爱情是男女奇缘的传奇演义，一个“义”字好生了得。无义，情为何物？爱情的理想结果是“长相厮守”，图一时之快，爱有何益？在我们生活的周围，有一些人谈了几天恋爱就大论爱情，那实在是太自傲了，爱情可不是那么简单随便的言谈。爱情必须能经得起时间和生活的考验，分开一周就变心，遇到挫折就退缩，哪里有爱情的味道？

在现实生活的世界里，有爱情的夫妻常在，没有爱情的夫妻常在，有爱情未结成夫妻的也常在。北宋文学大家苏东坡的千古名句有道是：“但愿人长久，千里共婵娟。”人们往往羡慕的是有爱情的婚姻，同情的是没有爱情的婚姻，遗憾和惋惜的是有爱情而无婚姻的悲剧。中外历史上有许多经典的爱情故事人物对爱情的追求和向往值得我们学习和探讨。家喻户晓的司马相如与卓文君、马克思与燕妮、罗密欧与朱丽叶、李隆基与杨贵妃、梁山伯与祝英台、白素贞与许仙、贾宝玉与林黛玉、孙中山与宋庆龄、蔡锷与小凤仙、林觉民与陈意映、张学良与赵一狄、徐志摩与陆小曼、周恩来与邓颖超等等催人泪下的爱情故事，值得我们学习。在我们百姓中间也有无数的爱情故事，只是没有机会搬上舞台而已。说到底，爱情就是有缘人建设经营的胜利果实。

良好的爱情将会改变人生的命运。与谁来发展自己的爱情，需要我们慎重的理智的选择。选择的正确，你的人生一定是幸福的，光辉的，荣耀的，否则，将一败涂地而空悲切。

爱情的呵护是非常重要的，重要并不等于很难做到，只要我们能够“用心诚、用情专”便水到渠成。生活中点滴积累的不凡举动和柔情风雅就是爱情的巨大财富资本。爱情的大忌莫过于虚伪和拼命的索取，爱情的良药莫过于信任和忠诚。文艺作品记述爱情故事有两种形式，一种是喜剧形式，另一种是悲剧形式。文艺评论家这样评论悲喜剧：喜剧是把无价值的东西展开来让人看，悲剧是把有价值的东西撕碎了让人看。为什么这样说呢？这里的“价值”讲的是两重含义，一是指爱的情景价值，一是指教育意义的价值。那作者又是为什么把有价值的东西撕碎了让人看的呢？因为在作者看来这么有价值的爱情却是悲剧，从而怀着愤恨的心情撕得粉碎让大家从中吸取营养而达到教化的效果，让大家领悟爱情的真谛，从而把握正确的人生观和爱情观。至此，悲剧作品为我良师，喜剧作品为我益友。

我们能够对爱情观念有深刻的理解和认识具有重要的现实意义，而我们只要建立在共同理想的生活基础之上，从不同的角度多做一些爱对方的事情来追求爱情的价值，我们便是情感世界里最幸福的人。